Arde el mar

Letras Hispánicas

Pere Gimferrer

Arde el mar

Edición de Jordi Gracia

CATEDRA

LETRAS HISPANICAS

Ilustración de cubierta:
Canaletto, *Santa María de la Salud*

PQ
6659
I4
A75
1994

© Pedro José Gimferrer
Ediciones Cátedra, S. A., 1994
Juan Ignacio Luca de Tena, 15. 28027 Madrid
Depósito legal: M. 33591-1994
I.S.B.N.: 84-376-1292-6
Printed in Spain
Impreso en Selecciones Gráficas
Carretera de Irún, km. 11,500 - Madrid

Índice

Introducción

A Vicente *Sklowsky*

Oh ser un capitán de quince años

«Arde el mar», en *Extraña fruta*

Pere Gimferrer.

Arde el mar pertenece a aquella estirpe de libros cuya significación histórica parece haber superado su más estricta significación literaria. Diversos factores que habremos de ver hicieron de ese libro algo más que un conjunto de quince poemas de autor joven y casi novel. Su inmediata consagración pública, como Premio Nacional de Poesía de 1966, fue sólo el primer peldaño de una fulgurante escalada que hizo aparecer la eufónica simetría del título como el santo y seña de una nueva poética *de ruptura*. En adelante, la mera invocación de su barroca imagen titular resumiría la ansiedad de unos cuantos jóvenes poetas y escritores por rehuir unos usos poéticos y aclimatar hábitos líricos muy minoritarios en la España del momento. Una novela que pudo cumplir un semejante papel al de *Arde el mar* en su propio terreno, *El mercurio*, de José María Guelbenzu, quiso introducir como ingrediente de su múltiple centón de la modernidad (pero también como dato visible de una inconfundible sensibilidad de época), algunos versos del poema final del libro[1]. Ese valor referencial ha sido sintetizado por José Carlos Mainer con una suerte de paráfrasis de una conocida sinopsis sobre el cine en los años cincuenta, debida a Bardem y con muy otras intenciones: *Arde el mar* es libro «fácilmente imitable y peligrosamente único, aparentemente manie-

---

[1] Lo había indicado Ignacio Prat, 1982b, 219 y cfr. José María Guelbenzu, *El mercurio* [1968], Barcelona, Argos Vergara, 1982, pág. 234. *Volverás a Región* y *El mercurio* fueron las mejores novelas del año para Gimferrer en la habitual encuesta de *El Ciervo*, 178 (dic.-1968), página 14.

rista y, sin embargo, implacablemente dictado por la inspiración: libros-época» (1993, 110).

Pero probablemente es también esa aptitud para concitar simbólicamente los nuevos afanes literarios lo que hace al libro representativo de un episodio cerrado de nuestra literatura más reciente. Los veinticinco años transcurridos desde su primera edición han visto emerger una sensibilidad lírica distinta y la reanudación de una tradición reciente sorteada por los poetas de los setenta. Las reflexiones teóricas de los nuevos poetas que publican desde los ochenta ilustran bien el rumbo más visible de la poesía reciente, muy patente enemiga del epigonismo proliferador y numeroso que suscitó la oficial presentación en sociedad de los poetas reunidos en —y excluidos de— *Nueve novísimos poetas españoles* (1970). La predilección por los movimientos cordiales vagamente irónicos y la introspección inquieta por sus enfermedades morales y sentimentales delimitan las propuestas de Luis García Montero, Jon Juaristi o Miguel Sánchez-Ostiz[2]. Esa reconquista del espacio moral del poema es, claro está, el homenaje implícito y la deuda explícita contraída con los maestros del cincuenta, Gil de Biedma y Ángel González, el primer Valente y Brines, Sahagún o J. A. Goytisolo[3]. Paradójicamente, esta poesía ha sido también ahora «a liberation from the until then prevalent *novísimo* atmosphere» (Jiménez, 1992: 31).

El joven barcelonés que firmaba *Arde el mar* en 1966 había nacido en Barcelona en 1945, cursaba las carreras de Derecho y Filosofía y Letras en su ciudad y dedicaba

---

[2] Existen ya una antología, la Luis Antonio de Villena, *Fin de siglo,* Madrid, Visor, 1992, por ejemplo; estudios de conjunto, como los de Jaime Siles, 1991 o J. Olivio Jiménez (1992) y hasta un monográfico sobre «Los pulsos del verso», *Ínsula,* 565 (enero-1994).

[3] Y es, sin duda, reveladora la compilación de ensayos de Luis García Montero, *Confesiones poéticas,* Granada, Maillot amarillo, 1994, especialmente transparente en la identificación de referentes y afinidades estéticas. Remito también, sin embargo, a la entrevista anónima a Gimferrer, pero de Luis García Montero y Mariano Maresca (1985), según carta de García Montero de 15.2.1994.

una considerable porción de su tiempo al cine, la literatura policiaca y fantástica, la poesía, la literatura *mayor* y las artes plásticas. Para entonces era ya raramente voluminosa la producción intelectual de Gimferrer, dispersa en múltiples testimonios de la estrecha vinculación en él de los horizontes biográficos y los culturales. El perfil de una adolescencia insultantemente madura se extrae en el rastreo de sus colaboraciones desde 1962 y 1963 en varias de las revistas más valiosas del momento. El mismo año en que se reeditaba por primera vez *Arde el mar*, en 1968, aparecía también en la misma colección El Bardo, su tercer poemario, *La muerte en Beverly Hills*, con la evidente huella en el título de un lugar jamás visitado pero hondamente instalado en la retina de mitómanos y cinéfilos. Y esa misma afición estaría presente en los poemas de *Extraña fruta* que incluiría en la compilación de 1969 de su poesía en español, *Poemas, 1963-1969*, en la colección Ocnos, de Barcelona.

Pero no resultan nada exóticas esas citas de cinéfilo si se reconstruyen con algún detalle las múltiples actividades que desde el principio de la década emprendía ese joven universitario y cuyo origen está, precisamente, en la reseña semanal de una película que entre 1962 y 1963 publicaría en *Tarrasa Información*, integrado en la prensa del Movimiento. Poco después, empieza su colaboración en la *cahierista* revista de cine *Film Ideal*, entre 1964 y 1966, último año de su formato clásico, con nueve ensayos y algunas reseñas más (entre ellas, las de *El cardenal* o *The big sleep*). Un año antes, desde noviembre de 1963, había empezado a colaborar regularmente en *El ciervo*, en las páginas de cine y de literatura, donde será responsable de una sección específica e históricamente valiosa, «Los mil y un fantasmas». Entre abril de 1965 (Adolfo Bioy Casares) y abril de 1967 (Malcom Lowry), constituye esa sección un vivísmo y sugestivo repertorio de autores y obras apenas presentes en las páginas y los catálogos editoriales del país. Es el mejor testimonio de una mentalidad de vanguardia, que busca en los anaqueles de las novedades hispanoamericanas guiado por un providencial amigo, Marcos Ricardo Barnatán (1984), y rebusca en los de viejo para dar con ese mundo de raros y curiosos que acabará, a la postre, ingresando en el universo poético del autor. Por aquella página desfilaron, con una breve muestra de cada autor, desde los maestros recuperados del exilio (Sender, Max Aub o Corpus Barga) o algunos simbolistas y vanguardistas menores, hasta los más jóvenes y prometedores escritores de las letras hispanoamericanas de los años 40 y 50.

Cabe añadir, todavía, la publicación en aquellos años de algunos relatos de corte fantástico en *Ínsula* y *Papeles de son Armadans,* un incipiente ensayismo en torno a la figura de Unamuno o al arte de vanguardia y el componente mágico de Dau al set, también en *Papeles,* así como la inmediata incorporación desde 1965 a las páginas centrales de reseñas de *Ínsula,* y, poco después, su incorporación a *Destino* y *La Vanguardia,* en el primer caso de la mano de Joaquín Marco y, en el segundo, en colaboraciones esporádicas.

Otro tipo de presencia pública atañe a la poesía propiamente dicha: esa misma diversidad de esfuerzos y lugares se refleja ya antes de la publicación de su primer poemario *autorizado*[4], *Arde el mar,* con la aparición en 1963 de los ocho poemas de *Mensaje del Tetrarca,* en una minúscula edición barcelonesa que ilustró Alberto Blecua, y hoy integrado en el conjunto de su poesía castellana[5]. Pero también por entonces preparaba otros libros, todavía hoy inéditos en su mayor parte. *Malienus,* primer libro del poeta, escrito a finales de 1962, ha sido parcialmente rescata-

---

[4] Sólo en las ediciones más recientes de su poesía en español ha incluido Gimferrer primero *Mensaje del Tetrarca,* y después también algunas muestras de *Malienus.* Ambos pueden verse ahora precediendo a *Arde el mar* en *Poemas, 1962-1969,* Madrid, Visor, 1988. La primera publicación de *Malienus,* con la carta de Vicente Aleixandre valorándolo, tuvo lugar en *Revista de Occidente,* 61 (junio-1986), págs. 130-139.

[5] Pedro Gimferrer, *Mensaje del Tetrarca,* Barcelona, Editorial Trimer, De trigo y voz provisto, 8, 1963. Tres de los poemas iban dedicados respectivamente a Lorenzo Gomis, José Corredor Matheos y Joaquín Buxó Montesinos, director de la colección.

do en las últimas reediciones de su poesía castellana, pero sólo muy fragmentaria o tardíamente han visto la luz poemas procedentes de otros libros de aquellos años. Del año 1963, sin embargo, es también *Morir sobre un nenúfar*, que fue editado en Málaga en 1988, con un epílogo de Rafael Pérez Estrada y que hemos incluido como apéndice de esta edición, junto con otros poemas publicados aquellos años y no recogidos después en libro.

UNA TRAYECTORIA LITERARIA Y DOS LENGUAS

Lo más llamativo de la trayectoria intelectual de Gimferrer es, sin embargo, que el núcleo esencial de su estética puede rastrearse sin demasiada dificultad, y con un acopio de citas y referencias verdaderamente notable, en los trabajos que fue publicando en los años inmediatamente anteriores a *Arde el mar* o muy poco posteriores. Claro está que cada uno de estos elementos lo veremos reaparecer como en un continuo a propósito de J. V. Foix, al hilo de un comentario sobre Tàpies o Brossa, mientras anota el recuerdo de su primer encuentro con Valente o cuando traza el perfil de Rubén Darío, Vicente Aleixandre u Octavio Paz. Pero todo ello es ya, en suma, la raíz más personal de un escritor con conciencia del oficio y una sólida coherencia interior y estética fundada en la elección de los aspectos que constituyen, en arte y literatura, una particular visión de la modernidad: sus tutores serán Rimbaud y la tradición simbolista, Octavio Paz y las vanguardias como norma de conducta artística, y una muy precisa comprensión de las aportaciones del modernismo europeo y norteamericano (Eliot, Pound, etc.). Y la posible identificación de estas fuentes procede en parte de los múltiples lugares en que el autor ha aludido a ello, pero tampoco es ese hábito solícito un accidente en su trayectoria porque casi nada resulta improvisado en la evolución literaria de este escritor: esa recurrencia sobre uno mismo como lector y espectador es el síntoma más cabal de lo que en alguna ocasión ha llamado «la vida moral del escritor», que se funda en esas frecuentaciones, y son ellas las que determinan una posición ante el mundo y la literatura.

«De la necessitat dels mandarins» es el título de uno de los artículos incluidos en el *Dietari* y desde él se explica la combativa presencia pública y orientadora del escritor. En este sentido, su activa colaboración en la antología *Nueve novísimos* forma parte de un capítulo básico de la constitución como entidad registrada de un grupo de poetas[6], que debe sumarse a la regularidad de una presencia pública en los papeles y revistas, la proliferación de todo tipo de premios literarios a su obra, la temprana elección como académico en 1985, su selectiva intervención en debates con alguna resonancia social. Su intervencionismo en la vida intelectual, más o menos inspirado en Foix pero deudor de Eugenio d'Ors sin llegar a sus «extremos pontificiales» (Enric Bou, 1993: 43), ha sido dictado por la voluntad de combatir las carencias numerosas de una cultura (en español o en catalán) sobrevivida al franquismo. No de otro modo debe entenderse esa voluntad de modificar el canon poético de la época más reciente, como veremos después, o con insistentes defensas de los proyectos literarios más innovadores y rupturistas, desde el hallazgo de Gonzalo Suárez como narrador o la lectura deslumbrada de *Volverás a Región*[7] hasta la tenaz divulgación de un concepto restrictivo de la poesía literariamente valiosa o la voluntad de hacer asequible una *Antología de la poesía modernista* (1969). En ese contexto ha de comprenderse la redacción de un análisis literario tan personal y brillante como sus *Lecturas de Octavio Paz*, de 1980, o lo que fueron los distintos ensayos reunidos en

---

6 Remito a las valiosas divergencias y consideraciones que ha expuesto Jenaro Talens (1981 y 1992) y un apunte sobre Gimferrer y *Nueve novísimos*, en Gracia (1990).

7 Dato ejemplar para este tipo de *mandarinato* es, por ejemplo, la redacción de tres reseñas distintas para una misma novela, *Volverás a Región*, de Juan Benet, comentada en *Ínsula*, 266 (enero-1969), 14; en *El Ciervo*, 179 (enero-1969), pág. 15, y en *Papeles de Son Armadans*, t. LII, 156 (marzo-1969), págs. 299-302.

título tan expresivo como *Radicalidades,* aparte de una actividad como prologuista y traductor que ha ido desde Brossa, Moix o Lorenzo Gomis hasta Giménez Caballero, Juan Goytisolo, V. Aleixandre o Juan Larrea, en el primer caso, y de Beckett o el marqués de Sade hasta Stendhal, en el segundo.

Y es desde esa misma lógica desde la que se comprende el interés en entronizar a un maestro literario muy peculiar, como J. V. Foix, a través de uno de los libros de referencia indispensables sobre el autor, *La poesia de J. V. Foix,* de 1974, en sintomático paralelo cronológico con otro de los títulos clave de una faceta muy constante en Gimferrer, el estudio y análisis de determinados autores plásticos. De la mano de la cuidadosísima editorial de arte la Polígrafa publicaría también en 1974 su ambicioso trabajo *Antoni Tàpies i l'esperit català,* Premio Internacional de Ensayo Gertrude Stein, que abría el camino a otros volúmenes tales como *Max Ernst* (1977), *Joan Miró, colpir sense nafrar* (1978), que había de ser el precedente para una obra minuciosa y fundamental en la bibliografía de Miró, *Les arrels de Joan Miró* (1993), un *Magritte* en 1987, un *Giorgio de Chirico* al año siguiente o un *Toulouse-Lautrec* un tiempo después, en 1990. Unos años antes, en 1985, había reunido en *Cine y literatura* los artículos incluidos en el octavo volumen de *El cine. Enciclopedia Salvat del séptimo arte,* de 1978, y que no son tampoco los posibles restos de la historia del cine que en 1966 y para la Editorial Alfaguara, había de contratar Camilo José Cela a Gimferrer y Terenci Moix (sin que llegase a aparecer)[8].

Pero nada de esto había de apartar a Gimferrer del cultivo regular de otros géneros que, desde una peculiar óptica de política cultural, requerían su contribución. Pienso muy expresamente en su colaboración en los setenta en *Serra d'Or,* en los dos magníficos volúmenes de su *Die-*

---

[8] Cfr. *Los raros,* pág. 144 y cfr. el prólogo de Gimferrer a T. Moix, *El peso de la paja. Memorias,* Barcelona, Plaza y Janés, 1990. Terenci Moix sí llegó a publicar una *Introducció a la història del cinema (1895-1967),* Barcelona, Bruguera, Quaderns de Cultura, s.f. [1967].

tari (1981 y 1982), quizá su obra más apasionante (Bou, 1993a y b), y en las secuencias inmóviles que constituyen otro libro del autor, *Fortuny* (1983), novela de exquisita textura de estilo y recibida también con todo tipo de aplausos, pese a la evidente exclusión de públicos que su misma naturaleza literaria promete: «To the happy few» es la pospuesta dedicatoria que cierra ese libro singular, emulando al Stendhal de *La cartuja de Parma,* que Gimferrer traduce al catalán en 1981. Conviene puntualizar, sin embargo, que el origen del *Dietari,* así como de otros libros importantes, como *Los raros* (1985), está en la colaboración regular en la prensa diaria, en el primer caso en la página en catalán que incluyó Lorenzo Gomis como director de *El Correo catalán,* y en el segundo a las colaboraciones en el suplemento literario de *El País* (y todavía espera ahí una segunda serie de artículos de interés bajo el título general de *Galería*[9]). Ambos datos vuelven a obrar en paralelo: el intento de elevación de una prosa en catalán madura, rica y flexible y la difusión de una sensibilidad moral y estética educada, culta, decididamente civilizada y exóticamente curiosa.

Desde 1970, la poesía de Gimferrer ha adoptado el catalán como lengua literaria, como paso lógico tras el uso del catalán en el ámbito privado o epistolar, como en la reciente muestra que cita Joan Ferraté en su epistolario con J. Gil de Biedma, fechada en 1968[10]. Ese cambio lingüístico fue un imperativo literario —la búsqueda de una nueva expresividad, el final de un ciclo intensamente experimental y lúdico (Prat, 1982 y Gracia, 1993a)— pero al mismo tiempo era la respuesta consecuente de una

---

[9] Cfr. P. G., «Para empezar», *El país. Libros* (23-junio, 1985), pág. 5: «las páginas de esta galería serán pasajes sueltos de lo que, medio recordando a Coleridge, podría llamarse mi *autobiographia* literaria».

[10] Juan Ferraté, *Jaime Gil de Biedma: cartas y ensayos,* Barcelona, Quaderns Crema-Sirmio, 1994, pág. 158. Dada la conocida meticulosidad cronológica de Gimferrer, podemos añadir que existe, inédito, un poema en catalán redactado también en 1968; lo explica el autor en el prólogo a Terenci Moix, *El sexo dels àngels,* Barcelona, Planeta, 1992, página 11.

conciencia cívica responsable con su entorno familiar y social. No obstante, no ha sido nunca el primer paso de un aislamiento lo que el autor ha corregido con hechos concretos: valga recordar que la mayor parte de su obra poética en catalán ha sido traducida al español muy a menudo por sí mismo. Y por lo que hace a la obra en prosa, las monografías sobre artistas plásticos tienen ediciones bilingües simultáneas (las de Tàpies o Joan Miró, por ejemplo) y tanto el *Dietari* como *Fortuny* fueron traducidas para Seix Barral y Planeta, respectivamente, por Basilio Losada.

No parece éste el lugar más indicado para examinar su obra en catalán, pese a que el hábito de analizar su poesía catalana a partir de las versiones del propio autor se halla muy extendido[11]. Quizá es algo más que un síntoma de esa integración voluntaria de Gimferrer en el área del hispanismo contemporáneo y está apelando en realidad a unas líneas de continuidad básicas entre su obra poética en español y sus más recientes títulos en catalán. Es bien revelador que el libro que últimamente ha reunido su poesía lleve este meditado título: *Arde el mar, el vendaval, la luz*[12], apelando desde la lógica sintáctica a la vertebración cíclica de una obra iniciada en español en 1966, con *Arde el mar,* y cuya última manifestación editorial, en catalán, ha sido *La llum* (1991).

Pero fue *Els miralls,* en 1970, el libro que inauguró su poesía en catalán, con un tema central y autojustificador de esa nueva vía creadora, el de la misma poesía. En el fondo, desarrollaba los temas de su última poesía en español, y en particular poemas como «Antagonías» o «Re-

---

[11] Véase la argumentación de Margaret Persin (1992: 111-112), en el volumen que dedicó *Studies in 20th Century Literature* a la poesía española contemporánea [Debicki, ed. 1992], pese a las reservas del propio Gimferrer en la «Nota del traductor» a *Espejo, espacio, apariciones* (1988: 7-8).

[12] Barcelona, Círculo de Lectores, 1992, con el subtítulo de «Primera y última poesía». Una nota del propio Gimferrer, pospuesta al prólogo de Fernando Lázaro Carreter, explica las peculiares circunstancias editoriales del volumen.

cuento», incluidos en 1969 en la selección publicada de *Extraña fruta,* junto al resto de su poesía. Lo cual viene a confirmar la continuidad básica que a menudo ha señalado la crítica, a despecho de un cambio de lengua literaria menos rupturista de lo que pudo parecer en su momento[13]. En catalán, seguiría publicando otros títulos sistemáticamente recibidos con aprobación crítica generalizada (y sólo discutida con más o menos ahínco en los últimos años, a medida también que nuevos poetas iniciaban sus trayectorias literarias, que la vida literaria catalana aprendía a normalizarse y, en fin, que los supuestos poéticos del autor reducían y adelgazaban su horizonte temático). Entre 1970 y 1973, mientras enfatiza como crítico su rechazo a la poesía y la poética de la posguerra española y reivindica autores ubicados en una cierta heterodoxia, aparecen *Hora foscant* y *Foc cec,* libros analizados por Arthur Terry (1981), Joaquim Molas (1975), Castellet (1975) o Enric Bou (1988), y cuyas tradiciones tienen mucho de surrealismo pero también de la poesía barroca, de Ausiàs March y del filón foixiano destinado a rescatar usos y modos verbales, ecos, de la poesía catalana medieval.

Su quizá más ambicioso y poderoso título en catalán, *L'espai desert,* de 1977, descubre el uso del erotismo como lenguaje literario, como código expresivo de las mismas constantes de su poesía. Ese libro, junto con toda la obra catalana anterior y dos nuevos poemarios, aparecerían reunidos con el título común *Mirall, espai, aparicions* (1981). La aparición de este libro en español en 1988 coincide con la aparición biblingüe de *El vendaval.* Su última sección será prolongada por el último libro de Gimferrer hasta ahora, *La llum,* con edición bilingüe de 1992, y ambos pliegos poéticos se unen por una misma voluntad de poesía muy marcadamente técnica, cerebral y oscura.

---

[13] Desde Talens (1972), Marco (1977), Carnero (1978) hasta Terry (1981), Sopeña (1986-1987) o Lázaro Carreter (1993).

En la dinastía de oscuros que quizá fundó Licofrón, el helenístico, no se alude a nada que esté elidido o eludido en los resquicios entre palabra y palabra, a nada que no tenga cabida en las palabras mismas. Al contrario: no hay resquicio alguno, todo es densísima cargazón de palabras, pero éstas pertenecen a un léxico propio, cerrado alucinadamente por el acoso expresivo de cada poeta. (*Los raros*, pág. 79.)

La orfebrería creativa del verso está al servicio de una indagación cada vez más próxima a la frontera del silencio, en íntima conexión con artistas plásticos o poetas con notables afinidades, como Antoni Tàpies o José Ángel Valente (remito sólo a Amparo Amorós, 1982). En todo caso, es una poesía que surge de la preponderancia lingüística en su concepción del género, marcada por una aspiración trascendente, y dictada en términos altamente abstractos: «Pues sólo será poesía de verdad la que brote de algo más profundo que nuestra mera voluntad de escribir poesía, lo que, en cuanto poesía, desde más allá del designio deliberado nos imponga la necesidad de existir en el lenguaje»[14]. Términos que son expresamente afines a las ideas esenciales del pensamiento literario de Gimferrer reunidas en un excelente y brillante libro de ensayos sobre arte y literatura, *Valències* (1994).

La función revulsiva de los poemas de *Arde el mar* en la España de 1966 obedecía, pues, a los rumbos señalados por una educación literaria y cultural y a la conciencia de una estrategia crítica en desuso o muy marginal y equívoca: la vanguardia como fuente de disidencia, la experimentación como crítica y la disonancia como imperativo ético y literario. Los poemas de *Arde el mar* buscaban un parentesco obvio con la majestuosidad verbal modernista (hispanoamericana o española) y explotaban la imagen plástica y visual como centro neurálgico de la poesía; aspiraban a reproducir la pluralidad de voces en el mismo poema y la combinación de distintos planos temporales

---

[14] P. G., «Introducción» a *Arde el mar, el vendaval, la luz,* pág. 25.

(tras los usos de Perse, Eliot y Pound) y se sumergían voluntariamente en la enseñanza de la modernidad que se destila de esa invención: la ambigüedad como tema para un mundo que conocemos inexacta e imprecisamente. La exploración del propio proceso creador se adivina así como uno de los temas predilectos (y el carácter insustituible que ese enfoque metapoético tiene para caracterizar como moderno a un texto literario). Se normaliza, en fin, la legitimidad de la creación poética basada en pre-textos histórico-culturales, literarios o cinematográficos (con el ejemplo inmediato de Cernuda y *Desolación de la Quimera*), como se identifica en el surrealismo una técnica bajo control relativo y cuyos resultados son, casi siempre, la sorprendente combinación de anécdota sentimental e instintivismo irreflexivo. Buena parte de estos ingredientes aparecen incidental o repetidamente en su labor intelectual y crítica paralela, simultánea, a la escritura de *Arde el mar*.

La vanguardia como terapia cultural

En la raíz de estas ideas está la convicción de que el arte moderno sólo lo es cuando es interrogación, indagación y crítica del arte mismo. De la profunda cohesión interna de una voz literaria hablan muy francamente los textos críticos y teóricos de Gimferrer cuando se confrontan con su obra literaria y aun cuando se contrastan entre sí, salvando los a veces treinta años que los separan. En buena medida, el intento de examinar su poética es también la labor de reunir y ordenar los múltiples lugares en los que el autor ha explicado su formación intelectual, eludiendo por lo general la vía confesional y autobiográfica, pero cumpliendo con los mismos objetivos por el camino de la nota de lectura o el análisis literario a partir de su experiencia de lector.

Quizá únicamente falta en los textos más recientes aquella dosis de desenfado y provocación, de reto lúdico y desafiante, de irresponsabilidad imaginativa que los hacía sintomáticos de una época. Fuera de ese ingrediente que la madurez del autor ha mitigado sustancialmente, algunas constantes de su trayectoria son muy perceptibles: la reflexión sobre la poesía como tema poético, su proximidad desde 1965 a los influyentes planteamientos teóricos y estéticos de Octavio Paz o J. V. Foix, o, en fin, no es nada distante la poética de uno de sus libros en catalán de la que inspiraría sus primeras tentativas de explicación del hecho poético: «Alguna cosa més que el do de síntesi: / veure en la llum el trànsit de la llum»[15].

La voluntad de legitimar moral y políticamente una opción artística mal entendida o repudiada por los equipos intelectuales antifranquistas menos competentes obligó al autor a argumentar con referentes históricos transportables. En 1975 resultaba necesario «el espacio de libertad moral de la vanguardia», lo cual significa comprender que

> la crítica más profunda de la sociedad de anteguerra no se halla en las novelas de Arconada, sino en el Lorca de *Poeta en Nueva York,* el Cernuda de *Los placeres prohibidos,* el Alberti de *Sermones y moradas* o *Con los zapatos puestos tengo que morir,* o el Aleixandre de *La destrucción o el amor.* He citado adrede obras en las que puede hallarse o no explícita una crítica social o política pero en las que *siempre* se halla explícita una crítica moral y una crítica del lenguaje, es decir, una crítica a la base de la represión y una crítica a su principal instrumento (*Radicalidades,* 40-41).

Y no estará de más recordar que los supuestos en que se basan textos de finales de la década como el *Manifiesto subnormal* de Manuel Vázquez Montalbán, parten de una convicción teórica irremediablemente afín, como expresa con lucidez el mismo militante de la izquierda comunista, en uno de los textos más sustanciosos de entonces

---

[15] «Art poètica» (1980). Citaré las traducciones por la edición bilingüe de 1988: «Algo más que el don de síntesis: / ver en la luz el tránsito de la luz» (pág. 277).

en este orden de cosas, su «Experimentalismo, vanguardia y neocapitalismo»[16].

Incluso declaraciones sobre *Arde el mar* del propio Gimferrer, en tanto que mera reunión indeliberada de poemas, y que además evidencia «su absoluto desinterés por los modos de escribir poesía que regían en España por aquellos años»[17], hay que tomarlas con la cautela que aconseja la revisión de su obra crítica de entonces. O, en todo caso, obliga a identificar el sentido de ese desinterés como forma de expresar la búsqueda de voces y tradiciones poéticas distintas. El examen de su obra crítica matiza el supuesto de que «no pensaba ni poco ni mucho en que aquello tuviera o no que ver con lo que en poesía se estaba haciendo a mi alrededor»[18]. Y lo matiza porque de aquellas reseñas y notas se deduce un gusto muy afinadamente selectivo con respecto a la literatura contemporánea en español y una concreta predilección por tradiciones literarias inusuales, con escasa presencia o poco influyentes en la poesía del momento. A ello hay que añadir la marcada vocación experimentalista de un joven que proyecta libros de poemas que deja inconclusos o considera insuficientes, pero que revelan justamente la búsqueda de caminos poéticos distintos a los de su propio entorno. Gimferrer justificaba así el abandono de la serie «Los raros», en el último artículo: «no hay más razón concreta para ello que mi voluntad de no prolongar ningún ciclo literario, en género o lengua alguna, más allá del momento en que, familiarizado con sus registros, tal prolongación sería en el escritor simple ejercicio de una adquirida mecánica» (*Los raros*, 255). Es también en esas notas primerizas pero seguras sobre literatura, en *El Ciervo* o en *Ínsula,* donde aflora más visiblemente un componente de

---

[16] Manuel Vázquez Montalbán, ed., *Reflexiones sobre el neocapitalismo,* Barcelona, Ediciones de Cultura Popular, 1968, págs. 105-116.

[17] P. Gimferrer, «Algunas observaciones (1969)», en *Poemas 1962-1969,* pág. 52, aunque el texto contiene un grave error tipográfico, que lo hace en algunos lugares ilegible con respecto a la edición original de Ocnos, 1969. Véase el apéndice a esta edición.

[18] *Ibidem.*

reivindicación un algo bullicioso y cómplice, acicateado por unos años de *pop-art,* de Gonzalo Suárez como promesa casi exclusiva entre los narradores y de rotundidad denunciadora de las últimas décadas de poesía en España.

De aquel desenfado juvenil de Gimferrer habla su primera contribución a *El Ciervo,* destinada a exaltar algunos ensayos sobre cine de una entonces esencial colección de cine de Rialp. Pero también en el mismo número empeñaba su pluma inaugural e intensamente retórica[19] en la reivindicación de los «géneros más característicos de nuestro siglo: el policíaco y el de ciencia-ficción». Y todo ello en la confianza de contribuir a «disipar la nebulosa de conocimientos sobre la materia que hasta la fecha distinguió a los intelectuales celtíberos» y procurando que el lector no deba seguir las peripecias de Hércules Poirot o Mike Hammer «a escondidas de los ceñudos censores literarios. Paciencia»[20].

Ese tono de reivindicación y este género de preferencias iban a hacerse extensivos a la narrativa de corte fantástico, así como el cine de terror estará entre las debilidades de un poeta que confiesa una irresistible fascinación por las iluminaciones fugaces —esas *apariciones* de su obra poética en catalán—, por las conjeturas instintivas y relampagueantes que suscita un tipo de cine (un tipo de arte) no estrictamente realista. La proximidad entre esta afición y alguno de los ejes centrales de su taller de poeta no debe pasar inadvertida y ayuda a explicar, en mayor medida que su integración en una cultura *kitsch, camp* o

---

[19] Véase el párrafo inicial de la columna sobre cine: «¡Proliferación de lo monográfico sobre cine, otrora tan escaso en nuestros predios! Pionera y heroica, si secundada a posteriori, la iniciativa de "Rialp". A ella adscritos estos tres recientes volúmenes. Interesantes a todas luces, si adolecidos de esta suerte de morbo que —léase a Michel Mardore— impide a todo libro de cine remontarse a la altura de las obras sobre pintura o literatura. ¿Limitaciones del género o de su bisoñería? Cumple al tiempo decirlo», *El Ciervo,* 119 (nov.-1963), pág. 11.

[20] Cf. Pedro Gimferrer, «¿Género menor? (A propósito de una historia de la novela policíaca)», *Ibídem.,* pág. 12.

pop, la incidencia del cine en la formación del escritor.

Pero esa reseña al libro de Alberto del Monte, *Breve historia de la novela policíaca,* servirá también para la protesta frontal contra «la consabida referencia a la necesidad de un arte a la vez popular y crítico» (valga añadir que comentará extensa y favorablemente la obra de Gramsci en una ocasión posterior) y hará pasar como mal menor «las tendencias socialeras del autor», que acaba excusando gracias a la exhaustiva documentación que aporta, por el mismo motivo que Gimferrer excusa «la miopía exegética» de la historia del cine de George Sadoul. Y la significación de ese grueso reparo debe verse en el trasfondo de la presencia de Sadoul en las sesiones cinematográficas de Salamanca, en 1955, junto con Guido Aristarco, y ocasional colaborador de *Cinema universitario.*

Gimferrer frecuentará una literatura alejada de mecánicos supuestos de aplicación práctica y utilidad pública: no habrá que esperar mucho para ver el abierto elogio de la ciencia ficción y «su misión adivinatoria y profética, podríamos decir apocalíptica»[21] o para contrastar su fidelidad a la literatura de terror y fantástica gracias a la pionera antología de Rafael Llopis, *Cuentos de terror* o al libro de Perucho, *Galería de espejos sin fondo,* además de caracterizar ambos géneros como deudores parciales de los hallazgos del surrealismo, en advertencia particularmente interesante.

No parece inoportuno recordar ahora que en estas mismas fechas, coincidentes con la gestación de *Arde el mar,* el joven Gimferrer redacta distintos textos narrativos que no han visto la luz pero cuya existencia ha sido comentada por el propio autor en alguna entrevista. Títulos como *El gavilán de las islas,* novela de piratas, u otro proyecto más cercano al misterio y la novela fantástica

---

[21] *El Ciervo,* 122 (feb.-1964), pág. 12, pero fue fiel al tema; cfr. por ejemplo la página de *Destino* sobre Kingsley Amis, donde vuelve a insistir en la posibilidad de que su libro *El universo de la ciencia ficción* acabe contagiando el gusto por el género a una crítica española que hasta ahora lo daba por inexistente, «Kingsley Amis y la ciencia-ficción», *Destino,* 1533, Extraordinario de Navidad (24.12.1966), p.s.n.

delatan a ese narrador, mientras que un tercer intento acerca a Gimferrer a la sensibilidad más característica de sus poemas de entonces, con una novela «muy barroca, con párrafos muy largos, sobre una imaginaria adolescencia, con una ambientación muy lujosa y muy proustiana, tipo Visconti...» (San Agustín, 1988). La pulsión más propiamente narrativa de Gimferrer no había de materializarse con franqueza hasta las viñetas de miniaturista de *Fortuny,* aunque había confesado todavía la redacción de otra novela corta —titulada *La calle de la guardia prusiana* e impublicable entonces, dado su contenido erótico—, al final de su etapa de poesía en español (Martín Pardo, [1970] 1990: 26). Por entonces, sin embargo, la proximidad que delata Gimferrer a las aficiones expresadas en un espléndido libro de Fernando Savater, *La infancia recuperada,* me parece enteramernte reveladora, como lo son sus primerizos ensayos narrativos y su evaluación de la novela del momento.

La muerte de Luis Martín Santos daba el pretexto para citar *Tiempo de silencio* como uno de los pocos títulos dignos en la narrativa de los últimos veinticinco años por recoger «—fenómeno único entre nosotros— cuanto de válido hay en los procedimientos de Joyce, cuyo chancero gusto por el *pastiche* supo Martín Santos acompasar admirablemente al desgarro sarcástico de cierta tradición ibérica»[22]. Pero sólo unos meses después confirmaba en *Ínsula* el hallazgo del narrador de *Trece veces trece,* Gonzalo Suárez, como «uno de los más importantes que ha visto aparecer en el vacío gris y monocorde de nuestra narrativa habitual»[23] porque recuperaba para la narrativa la «crónica, corro, mágico círculo de prodigios, exposición sucinta de acontecimientos, hacerse y deshacerse de una trama (...), esquinada transcripción de una realidad reducida a sus escuetas líneas de fuerza». Y si ése es un sintético balance de su valor, dos meses atrás, en octubre del

---

[22] P. G., «La muerte de Luis Martín-Santos», *El Ciervo,* 123 (marzo-1964), pág. 13.

[23] P. G., en *Ínsula,* 216-217 (nov.-dic., 1964), pág. 20.

mismo año, *La Vanguardia* había publicado otra contundente reseña de Gimferrer sobre el mismo libro para destacar lo que le faltaba a la novela española: «La llamarada revulsiva de un talento original e independiente que volcase patas arriba el polvoriento arcón de las convenciones que son moneda corriente en nuestro mundo literario»[24].

No iban a ser pocas las ocasiones en que Gimferrer regresase a la obra de Suárez, incluso tratando de hallar consecuencias a su actitud de ruptura en la obra de Aquilino Duque, por ejemplo, citando a Suárez como el más valioso ejemplo de renovación de las fórmulas narrativas[25]. Pero tan revelador como su interés en el autor lo es su fidelidad al criterio de innovación, ruptura, experimentación o novedad objetiva, en el terreno literario. Porque ése va a ser el argumento que expresamente manejará Gimferrer para seleccionar en *El Ciervo,* entre 1964 y 1968, no «necesariamente los libros más importantes o más perfectos, sino los que me han interesado, es decir, los más nuevos. Los que pretenden —y consiguen en lo posible— esa cosa tan necesaria que es remontarse contra la corriente». En ese primer año 1964, cita únicamente *Trece veces trece* de Suárez, *Los sonetos* de Carlos Edmundo de Ory y *Teatre* de Joan Brossa, lo que me parece una más que significativa selección (Marco, 1982: 169 y ss.) y, en rigor, un programa que hace mucho más consciente su propia tarea de poeta de lo que pueda haber parecido. Y si del primero algo ya se ha dicho aquí, valga recordar que el presentador y traductor al español del *Teatro* de Brossa, en 1968, será precisamente Gimferrer.

No iba a variar sustancialmente de dirección en las encuestas sucesivas: para el año 1965 citaba el «libro más nuevo y necesario del año», *El roedor de Fortimbrás,* de G. Suárez, junto a Sender (*El bandido adolescente* y *Crónica del*

---

[24] P. G., en *La Vanguardia Española,* (14-octubre, 1964), pág. 13. Agradezco la fotocopia del artículo a Javier Cercas.

[25] P.G., «Un nuevo novelista: Aquilino Duque», *Destino,* 1532 (17.XII.1966), págs. 74-75.

alba) y *Los pasos contados* de Corpus Barga, mientras que para 1966 apenas varía la nómina de novelistas anterior (Suárez y Sender), pero añade a Aquilino Duque y al Juan Marsé de *Últimas tardes con Teresa*, porque «apuntaron caminos de renovación»[26].

Pero también de esos mismos años arranca la atención a la literatura hispanoamericana, con la clara conciencia de frecuentar ámbitos literarios inusuales, como el propio surrealismo o la novela galante de la *belle époque*. Probablemente son más conocidos sus trabajos sobre Carlos Fuentes o Manuel Puig, recogidos en *Radicalidades*, o incluso su extenso artículo en *Ínsula* sobre Cortázar[27], pero la página literaria que dirigía en *Destino* Joaquín Marco desde finales de 1966 contó con Gimferrer o Luis Izquierdo y ahí la atención prestada a aquella literatura fue considerable[28]. Todavía antes, en la serie de Los Mil y un Fantasmas, de *El Ciervo*, Gimferrer había prestado atención e intentado divulgar la obra de quienes Marcos Ri-

---

[26] Véase, en orden de mención, *El ciervo*, 131 (ene-1965), pág. 13; 143 (ene-1966), pág. 12, y 155 (ene-1967), pág. 12. El papel referencial de Suárez en estos años y para algunos inminentes narradores, como M. Vázquez Montalbán o Eduardo Mendoza (cfr. P. Gimferrer, «Imágenes de Eduardo Mendoza», *El país*, 29-julio, 1990, págs. 11-12) lo ha anotado recientemente Javier Cercas, *La obra literaria de Gonzalo Suárez*, Barcelona, Quaderns Crema-Sirmio, 1993, págs. 322-323 (y cfr. págs. 104-105) y su artículo «Una vía de renovación de la novela social: de Gonzalo Suárez a Manuel Vázquez Montalbán», *CIEL*, en prensa. Especialmente significativo resulta, así, que la revista *Siglo 20*, que dirige en la práctica Vázquez Montalbán, abra su número cero (2 de abril, 1965) con diez páginas con fotogramas de cine policíaco clásico y un texto anónimo con la implícita resistencia al desprecio del intelectual por el género, como hizo Gimferrer en su primer artículo en *El Ciervo*.

[27] P. G., «Notas sobre Julio Cortázar», *Ínsula*, 227 (oct.-1965), página 7.

[28] Véase el suelto que notifica la nueva situación desde el número 1527 (12-nov., 1966), pág. 49. En 1967 la revista era multada por la publicación, en un artículo de Gimferrer, de unos versos eróticos de Oliverio Girondo; cfr. C. Geli y J. M. Huertas Clavería, *Las tres vidas de Destino*, Barcelona, Anagrama, 1991, pág. 126. La peripecia posterior de Gimferrer en *Destino* se cuenta unas páginas después: sustituye a Joaquín Marco y cambia el nombre de Pedro a Pere, desde el 28 de marzo de 1970 (pág. 142).

cardo Barnatán [1984] recuerda rigurosamente inencontrables en librerías, en un ahora insólito abandono en los almacenes de Edhasa. Se presentan ahí autores como Borges, muchas veces citado por Gimferrer en esos años, u obras como *Bomarzo, La invención de Morel* como obra maestra de lo «fantástico metafísico», Cortázar y su amplia divulgación en Francia (y de quien prefiere por encima de todas sus obras, incluida *Rayuela, Los premios*), Carpentier y Virgilio Piñera, o Carlos Fuentes, a propósito del cual escribe en agosto de 1966. Es un pasaje extenso pero importante para medir con algún respeto historicista la llegada y progresiva jerarquización de valores que marcará la recepción de esta narrativa:

Cada vez se va mostrando con mayor claridad —por lo menos fuera de nuestras fronteras— un hecho: en el panorama literario mundial ha sonado la hora de la narrativa hispanoamericana. Si en el siglo pasado se la acogía como un muestrario indigenista de color local o una curiosidad folklórica, hoy —en sus últimas boqueadas los yanquis, dando palos de ciego el *nouveau roman,* acompañados sólo de discreta fortuna italianos o españoles— los hispanoparlantes de ultramar sientan plaza de adelantados de la actual narrativa. Nombres cantan, aunque muchos de ellos poco dirán a nuestro secular provincianismo literario: Alejo Carpentier, Julio Cortázar, Juan Rulfo, Miguel Ángel Asturias, Leopoldo Marechal, Mario Vargas Llosa, Vicente Leñero, Gabriel García Márquez, Virgilio Piñera, Juan José Arreola, Carlos Fuentes. Con Carpentier y Cortázar —cubano y argentino, respectivamente, que ya pasaron en su día por estas páginas— completa el mejicano Carlos Fuentes el tríptico más importante de novelistas hispanoamericanos actuales cuya obra ha conseguido vasta y creciente audiencia internacional[29].

El texto se comenta solo pero me parece relevante, por un lado, la mezcla generacional de autores, y por el otro, la indiferenciación de nombres: ni Vargas Llosa había es-

---

[29] P. G., «Carlos Fuentes», *El Ciervo,* 150 (agosto-1966), pág. 13.

crito *Conversación en la Catedral,* ni García Márquez había dado a la Editorial Sudamericana, en Buenos Aires, su *Cien años de soledad,* ni Guillermo Cabrera Infante podría ver en letras de molde hasta 1967 sus *Tres tristres tigres* premiados en 1964, pero tampoco se registran ahí nombres como el de Ernesto Sábato (muy frecuente en las páginas de *Índice,* donde llegó a colaborar y fue repetidamente entrevistado) o el del autor de *El pozo* o *Los adioses,* Juan Carlos Onetti.

De 1965 son los relatos publicados por Gimferrer en *Ínsula* y en *Papeles de son Armadans,* directamente emparentados con los elementos más singulares de Dau al set, pero también de otro escritor que importó verdaderamente al Gimferrer de esos años, Unamuno. Los relatos de esta época participan de una atmósfera sobrecargada de elementos mágicos y, más precisamente, oníricos, en la línea de la literatura fantástica (entre Borges y Cortázar), e inequívocamente contagiados del mundo de Joan Brossa, con quien entró en contacto desde ese mismo año. En particular, el relato «El protagonista» toma a Frégoli como eje central y *protagonista* de alguna de las obsesiones más rigurosamente gimferrerianas, como primera síntesis de una sensibilidad: la obsesión por los espejos —donde duerme una «red de símbolos»—, la «disolución de la propia conciencia» en la muerte, el intento de introducirse en la conciencia del transformista Frégoli, la sugestión de lo aparente —«¿no es la fugacidad de las apariencias, sus transiciones y sus mutaciones insensibles, el objeto mismo del espectáculo transformista?»—, la proximidad del espectáculo de Frégoli a lo «alucionatorio colectivo», la desaparición del rostro en el espejo[30].

---

[30] P. G., «El protagonista», *Insula,* 221 (abril-1965), pág. 16. Puede traslucir algo de la fascinación de Gimferrer por este mundo alguna sintética página del propio Brossa referida a Frégoli, fallecido en 1936: «Els seus recitals, segons testimonis, eren uns espectacles insòlits de metamorfosis fulminants, veritables precursors del surrealisme pel capgirament poètic, la sorpresa constant i la inventiva teatral que comportaven (...) Art brulesc i efectista, continuador de la Commedia dell'Arte i cap-

Los relatos publicados bajo el título «Un truco de vendedor que me costará la vida», prestado de un relato de Gonzalo Suárez, recrearán atmósferas intensamente oníricas, en las que una información última, una clave reservada al lector, explica el misterio: secuencias de raíz fantástica y lógica irracional narran la perplejidad ante un caballo mudo, la alegoría del viaje interior como forma de turismo, la secreta dinámica interior de un jardín, la invasión de la realidad por el sueño, la alucinación visual, la fascinación por el esqueleto calcinado de un paraguas como testigo de una experiencia onírica trasvasada a la realidad. Todo ello vuelve a ser una palpable evidencia de la fascinación por el cruce entre la imaginación y el sueño, la irrealidad con apariencia de realismo detallista. Estas palabras de Gimferrer sobre Suárez hablan de sus propias obsesiones y de los métodos de su propia obra poética:

> El universo de Suárez, trasmundo, o envés de nuestro haz, es al universo real lo que la imagen al espejo (no lo que el espejo al ente que refleja, como quería Stendhal): juego de reflexión y refracción, es en sí y para sí, pero, respondiendo con luz a la luz como en el verso de Eliot, se acuerda y armoniza al fluir de las apariencias. ¿Realismo interior? No, sino más bien crónica interior del realismo [31].

El lector no habrá dejado de advertir con alguna consternación la presencia en este texto de 1964 de buena parte de las metáforas e imágenes poéticas de la ejecutoria no sólo en español de Gimferrer sino del poeta de *Els miralls,* el de *Aparicions,* el de *La llum* y, en todo caso, el que alum-

---

davanter, a les taules, del dinamisme del cinema»; cfr. «Frègoli», *Vivàrium,* Barcelona, Ed. 62, 1972, pág. 110. El mismo volumen incluye un díptico satírico dedicado a Gimferrer y su mujer, «Quefers editorials». Gimferrer había de ser también el traductor al español para la revista *Papeles de Son Armadans,* en 1971, del «Tríptic hegelià a A. Tàpies», enteramente revelador de la solución del conflicto vanguardia estética-lucha de clases (*Vivàrium,* págs. 129-133).

[31] P. G., reseña de *Treces veces trece,* en *La Vanguardia,* art. cit.

bra tenazmente una percepción de ese trasmundo, el de «la otra realidad», el del otro lado del espejo, el del tránsito, el reflejo y la transfiguración de tantos poemas gimferrerianos y más o menos deudores, como veremos, de una insistente aspiración metafísica[32].

Y no por azar es esa misma búsqueda instintiva, la indagación en esa esfera singular del arte la que explica la atracción de Gimferrer por el ambiente irracionalista y surrealista que caracterizó a Dau al set, y a uno de sus más intensos frecuentadores, como Joan Brossa. El artículo «Historia y memoria de *Dau al set*», de 1965, dice tanto de ese grupo exótico de la posguerra artística en España (junto a Pórtico o la Escuela de Altamira) como de la sensibilidad del joven poeta de *Arde el mar*. Y por ende, vuelve a reunir un importante manojo de claves estéticas e intelectuales de su formación interior. Para el Gimferrer de 1965 la significación histórica de *Dau al set* es casi inferior al impacto personal que causó en él el «descubrimiento de esas cuatro verdades como puños y esas maravillas inmediatas que nunca debemos perder de vista los que somos o esperamos ser poetas». Y de su actitud habla nítidamente este breve pero fundamental excurso para quien está escribiendo los últimos poemas de *Arde el mar*.

> Todo lo que no sea plantarse ante el mundo, qué digo, ante el propio lenguaje, cada día por primera vez, y bregar a brazo partido y dominarlo para perderlo de nuevo, e ir más allá si se puede y si no se puede no resignarse a que no se puede, y dar a las cosas el misterio que encierra su nombre, y en suma, saber que escribir y pintar no es ni será nunca más que querer escribir, más que querer pintar; todo lo que no sea saber que cualquier acto de creación artística se queda en ensayo y no en meta colmada, es esterilidad, postizos y peluca[33].

---

[32] Cito una conferencia de 1993: «em fa tot l'efecte, ben al contrari, que la concepció de la literatura que manifestem en l'adolescència és, en allò que té de més essencial, molt difícilment modificable»; cfr. *Valències*, pág. 102.

[33] P. G. «Historia y memoria de *Dau al ser*», *Papeles de Son Armadans*, t. XXXVI, n. 108 (marzo-1965), págs. LI-LII.

Pero hay en ese texto sobre Dau al set, de manera más explícita y evidente, la confesión de un experimentalismo vocacional que apuesta por la reanudación necesaria de las vanguardias de preguerra, la influencia de la escritura automática en Brossa, pasando por Foix, cuyo surrealismo habrá de ser entendido no «como fin, sino como pasarela a otros mares estéticos», lo que es puntualización válida para el propio Gimferrer[34]. El mismo ha vinculado su interés por el surrealismo y las vanguardias a la amistad entre 1962 y 1965 con Francisco Ferrer Lerín, con quien comparte entonces las páginas de *Caracola* o *Papeles de son Armadans* para los respectivos poemas iniciales y de quien Gimferrer ha prologado al menos dos libros de poemas (cfr. Marco, 1982: 173). Una vez más en estas fechas aparece otro de los ingredientes esenciales sin los que el mundo de apariencias y sugestiones imaginísticas de su poesía es inexplicable. Su propia sensibilidad se halla muy próxima a la que define a Brossa, imantada por «la voluntad de transfiguración poética aprendida en Foix y Miró y la [s]educción que transformismo, prestidigitación y pantomima han ejercido siempre en Brossa», sin perder de vista que el movimiento catalán encarna a la perfección ese modelo de resistencia moral de las vanguardias que tantas veces Gimferrer ha querido hacer suyo. En los años 40 fue Dau al set un «rozagante bofetón a las estantiguas del academicismo» y, por tanto, perfectamente explicable su malquerencia y el «recelo —luego derivado a la chacota como coraza defensiva— que el hombre medio sentía por el arte moderno, y aún siente ahora»[35].

Muy cerca de ese tono, la figura de Unamuno servirá para esta hilvanación de abstracciones conceptuales y sus correlativas manifestaciones poéticas:

> Serenidad y pulso acompasado al pulso del paisaje nativo:
> lomas, verdor depuesto, nieblas trashumantes, braveza,

---

[34] P. G., *El Ciervo*, 129 (nov.-1964), pág. 12, y cfr. la poética a *Nueve novísimos*, también en Provencio, 1988, 117-119 y véase A. M. Moix, 1972, pág. 210.

[35] *Ibídem*, págs. LVI y LIX.

no son prestigios sensoriales, sino grave son de órgano en el ser de quien los contempla. La primera conquista del arte moderno advino cuando se rompió la relación artista-realidad externa en favor de la relación artista-realidad interna, que la engloba y supera sin anularla, liberando en cambio al creador de la calidad de simple cronista fenomenológico encargado de restituirnos la apariencia. La obra de Unamuno es en este sentido profundamente moderna[36].

Y valga añadir que la de Gimferrer buscará la instalación en esta misma tradición basada en la exploración del vaivén de la imagen y el espejo, investigación del lenguaje desorbitado y arbitrariamente asociado, como vía de aproximación a cuanto resulta inaprensible por otro lenguaje, a cuanto es sondeo ambiguo y fugaz, iluminación súbita y revelación visionaria que perdura en el instante inmovilizado de la imagen poética: por eso su análisis de *Piedra de sol* de Octavio Paz es el asedio «al instante, en busca de su fijeza en el poema, que nos revelará nuestro verdadero ser» (*Lecturas de Octavio Paz,* 47 y E. Bou, 1989). Y tampoco puede ser otra la finalidad de la gran literatura y, en este caso, la de Unamuno: «Narciso metafísico —el misterio es bello, por ambiguo—, que no desvió ya su mirada de los profundos. Toda la obra de Unamuno se resuelve en el temor y temblor de un sondeo en la propia noche, corchos y redes caladas en el agua mortal que cantó Ungaretti»[37].

No ha de extrañar que en este mismo trabajo sobre Unamuno reaparezca en síntesis la importancia del cine y la de la poética básica del arte moderno para Gimferrer. En un Vermeer debe verse la «contemplación y plasmación de una realidad concreta y al tiempo postulación metafísica hacia el remansamiento espiritual» y en nuestros días es el cine —Lang, Losey, Mizoguchi—, «el arte en que, por definición, la apariencia bascula sobre su

---

[36] P. G., «Unamuno y su esfinge», *Papeles de Son Armadans,* t. XXXV, n. 104 (nov.-1964), pág. 140.
[37] P. G., «Unamuno y su esfinge», pág. 140.

misterio y nos abre ventanas a lo esencial». Gimferrer recurre a la imagen poética, a versos como los que encontraremos en su poesía para sintetizar el valor y la significación de Unamuno: «Gravedad. Grandeza. Serenidad. Áspero sayal de ceniza y melancólico son de un lejano cuerno de caza en los grises del paisaje castellano. Oro dormido de la mies. Panteísmo místico que halla en el limo originario la solidez y la dureza del espíritu»[38].

Pocos textos del Gimferrer de estos años son tan desinhibidos con respecto a su mundo de referencias, quizá por su misma inocencia expresiva, por la evidencia con que se repugna la presentación mimética de la apariencia y se apuesta por la construcción escenográfica y el efecto óptico, por el visionarismo de Rimbaud actualizado por el uso de referencias y utillaje vanguardista. Del efecto deslumbrador y subvertidor de esta poesía ha escrito con arrebato el propio Gimferrer, en ocasión solemne:

> Nadie ha sido más hondamente poeta de lo que puede ser uno en aquellas horas adolescentes en las que la poesía no sólo nos conmueve con su belleza transida de absoluto, sino que además parece dictarnos el santo y seña de una insurrección cósmica y moral. Leyendo —precisamente— a Rimbaud o leyendo a Lautréamont, todos hemos sido, en lo profundo de nuestro ser, grandes poetas por breves instantes (...) Cúspide y gehena a un tiempo, así se me apareció la poesía, en un horizonte luciferino y reverberador. Era liberadora y era abismal. Reconocí, en su corrosión de lo visible, las revelaciones de lo invisible[39].

Uno de quienes, literalmente, reveló esta aptitud de la poesía, fue Foix, leído por Gimferrer en el año 60 a partir de «un grup de poemes sense puntuació, de força gruix verbal i empenta visionària, que eren en tot el llibre [una antologia general de poesia catalana], rigorosament els únics textos que s'inserien de ple en l'òrbita de la mena de

---

³⁸ *Ibídem*, pág. 144.
³⁹ P. G., *Perfil de Vicente Aleixandre*, 10, reproducido parcialmente en *Anthropos*, 140 (enero-1993), pág. 24.

poesia que, en aquell punt fronterer de la meva adolescència (cap als quinze anys), m'interessava més»[40]. Pero
la postulación de ese distinto conocimiento está en la raíz
de su entusiasmo por Unamuno, como lo está su fidelidad
al surrealismo o a cualquier invención del arte, como el
cine, capaz de volver a plantear la fluctuación entre imagen, realidad y «la otra realidad».

Armas y bagajes de un cinéfilo

No se ha prestado mucha atención al ensayismo cine-
matográfico del Gimferrer de aquellos años, aunque sí se
han examinado las relaciones de cine y literatura a partir
del *Dietari* (Pelfort, 1989 y, con mayor calado teórico,
Monegal, 1993). Pero hay en *Film Ideal* una decena de ensayos que explican una poética como preceptiva del arte,
como desnudamiento de las bases conceptuales que explican una ejecutoria literaria. La conmoción intuitiva del
cine está fundada en su aptitud para adentrar en el misterio, las zonas oscuras e ignotas de la conciencia. Tiene
algo de penetración súbita y fugaz en los elementos esenciales del ser, del hombre y la realidad, de percepción de
lo fantástico, de iniciación ritual y mágica. Una mística
de la imagen en toda regla y la *fiebre del lenguaje* como su
correlato literario, nada ajenas ni una ni otra a alguna temprana y escogida lectura de Heidegger[40 bis]. En cualquier
caso, puerta de acceso a un conocimiento distinto del cien-

---

[40] [un grupo de poemas sin puntuación, de considerable grosor verbal
y ambición visionaria, que eran en todo el libro, rigurosamente, los úni-
cos textos que se situaban de lleno en la órbita del tipo de poesía que, en
aquel punto fronterizo de mi adolescencia (hacia los quince años), me
interesaba más], en *Valències,* pág. 89. Y en 1964 describía a Foix como
«uno de los mayores poetas españoles —y europeos, mido mis palabras— de nuestro siglo», *El Ciervo,* 129 (nov.-1964), pág. 12.

[40 bis] Remito a unas esclarecedoras páginas de Juan Carlos Rodríguez,
La poesía, la música y el silencio. (De Mallarmé a Wittgenstein) Sevilla, Renaci-
miento, 1994, págs. 57-60.

tífico y cuya identificación puede ser el «conocimiento religioso (sustitúyase este adjetivo, si resulta incómodo, por el de mágico o poético)». Mallarmé, *Finnegans Wake*, Proust encarnan el «arte verdaderamente moderno» porque su tema es el lenguaje: «sonambulismo e hipnosis, deslumbramiento y fiebre del lenguaje» (*Antoni Tàpies,* 21 y 19-20).

Y si con esta síntesis no fueran suficientemente visibles los vínculos entre cine y literatura, bastaría con echar mano de su última colaboración en *Film Ideal,* encabezada por un lema que el lector ha de reencontrar en la «Oda a Venecia ante el mar de los teatros». El García Lorca de *Poeta en Nueva York* y ese verso «Las copas falsas, el veneno y la calavera de los teatros» han de dar la pauta para la densa y lujosa escenografía de una Venecia impresa en la memoria. Y el texto esta vez ilustra las tentaciones de una imaginación con aptitud confesada —lo dirá a propósito del escritor Lovecraft en una nota de *Destino* insustituible[41]— para el desarrollo fantasioso o mágico de una intuición, para la percepción ajena al dictado de lo racional y controlado: «Si la cámara al desplazarse sorprende, o al fijarse retiene, un rayo o espada de luz hacia los umbrales de otro mundo, el misterio nació y nos alumbra un instante el carnaval de jinetes azules que aherroja el rectángulo de la pantalla.» Y si aquí está ya la imagen de la «ronda de jinetes» que cierra ese poema de *Arde el mar,* también un poco más abajo, se lee otro pasaje impagable:

---

[41] Claro está que no voy a resistirme a copiar la confidencia: «la elipsis es esencial en el arte de Lovecraft, y de ahí que sus relatos sólo tengan éxito entre determinada clase de lectores: si no se posee una imaginación inclinada por naturaleza a especular sobre posibilidades de lo fantástico, el lector encontrará probablemente aburridas y monótonas las prolijas descripciones y los farragosos anales históricos a que se reducen la mayoría de estos relatos, que en cambio, producen en sus seguidores habituales un auténtico vértigo imaginativo. (...) Sus narraciones —y ahí reside, querida o no, su inferioridad respecto a las de Poe— no aspiran a una verdad poética universal, sino que se dirigen a un sector de público muy concreto, que por cierto no coincide con el que habitualmente busca suplir su propia pobreza imaginativa con la imaginación de otros leyendo las usuales novelas de misterio y terror»; P. G., «Lovecraft, el alucinado», *Destino,* 1538 (28-enero, 1967), pág. 35.

Hay unos mitos literarios que determinan el género cine de terror: cierto, y tienen sus fanáticos, entre ellos, a qué negarlo, el surrealista vergonzante que uno es en el fondo. Pero hay, sobre todo, un mundo que late extraño y amenazador, como un árbol con pulmones, más allá de la conciencia. La cámara más realista (...) puede de pronto captarlo. Un resplandor nos ciega entonces, como un guantelete de lava fundida arrojado brutalmente a nuestro rostro. O también, como una nota muy lejana que insidiosamente nos envenena el oído[42].

La evidente tradición surrealista de estas imágenes, tan inconfundiblemente gimferrerianas como las inventadas para narrar a Unamuno, no debería hacer perder de vista el eje teórico al que aspiran a ilustrar: esa aptitud del arte y la literatura, entendidas en esta restringida manera, para hablar de una dimensión de la conciencia que sólo puede expresar esa precisa manifestación de la luz o el resplandor, que es patrimonio exclusivo de un tipo de vivencia de la conciencia ajena a su expresión racional e irreductible a ella. De ahí esa progenie fantástica y deliberadamente sugeridora de escenografías fantasmagóricas, esa compulsión de imágenes violentas o esas restallantes iluminaciones que, súbitamente, ciegan o poseen un paisaje en sus propios versos de esta época. ¿No es todo esto, un modo de aludir al procedimiento fundamental de un cierto cine y una cierta literatura que el propio Gimferrer describía, a propósito de Buñuel, como «el poder inmanente de asociación de imágenes —por relaciones de afinidad, contigüidad, rechazo o complementariedad— con independencia de cualquier nexo lógico encaminado a respetar las leyes del relato tradicional?» (*Cine y literatura,* pág. 12).

Pero, todavía más, ¿no está en esta doctrina el germen que ha formalizado teóricamente en los últimos años en torno a la identidad de literatura y lenguaje?

el pensamiento mágico es el pensamiento poético. Reconquistar la dimensión de este pensamiento es la empre-

---

[42] P. G., «El cine y su terror», *Film Ideal,* 179 (1-nov., 1965), pág. 3.

sa que, iniciada por los románticos, caracteriza al arte moderno desde el momento en que deja de ser escuela o disciplina y se convierte en planteamiento en términos irrepetibles para cada artista de la relación del hombre con el cosmos. (*Antoni Tàpies,* pág. 10).

El Gimferrer teórico de *Film Ideal,* o de algunos de los excursos o digresiones de la crítica literaria de los años 60 es, en germen, el mismo que postula en una poética de 1987 una neta proximidad a los supuestos de Valente y su *Punto cero:* «En la zona de lo absoluto, la poesía que ingresó en ella y postuló para sí tal solicitación extrema ¿qué queda, sino esperar a que en el lenguaje hable lo que por el lenguaje pueda manifestarse?» (Moral y Pereda, 1987: 180). Idea cuya raigambre simbolista vertebra sin titubeos sus ensayos críticos (literarios o no) de los últimos veinte años, pero cuyo origen está en esa remota construcción de una idea de la literatura, excluyente de otras y única y genuina literatura. De ahí la necesidad del mandarinato de los capaces de hacer «literatura seriosa», (*Dietari,* I, 79). Tomo este texto, de 1977, de un análisis del poeta leridano Màrius Torres:

> Pròpiament, la poesia contemporània es proposa de dir allò que no és possible de dir, de suscitar un absolut verbal on és explícit, d'una manera immanent, l'inefable. Aquest absolut és una pura creació del mot (...) El poema duu a terme la descoberta —per al poeta mateix, quan el redacta; per al lector, en reconstruir l'operació de l'escriptura— d'una forma particular de coneixement que no existeix sinó perquè existeix el poema[43].

Por eso la más genuina seducción literaria es verbal, la que pueden suscitar en un niño o adolescente Darío, Foix

---

[43] [Propiamente, la poesía contemporánea se propone decir lo que no es posible decir, suscitar un absoluto verbal donde es explícito, de manera inmanente, lo inefable. (...) El poema lleva a cabo el descubrimiento —para el poeta mismo, cuando lo redacta; para el lector, al reconstruir la operación de la escritura— de una forma particular de conocimiento que existe en tanto que existe el poema] *Valències,* pág. 126.

o Villaespesa (*Valències,* 39) o la que explica la máxima altura de Dante, Góngora o Foix en ser intraducibles: «tota l'excel.lència és verbal. Aquest és el punt més alt d'excel·lència a què pot arribar un poeta en la llengua» (*Valències,* 71). La práctica de una poesía de inspiración irracional y surrealista produce ese efecto: es la seducción verbal lo que el lector experimenta de inmediato en «El arpa en la cueva», último poema de *Arde el mar,* y, todavía más, las sucesivas relecturas arruinarán toda posible traducción racional del poema. Podrá ensayar una interpretación de las emociones que pone en juego, de los recursos poéticos que manipula y del tipo de sensibilidad que transmite y crea y re-crea, pero no podrá obtener una síntesis en términos racionales del sentido literal del poema porque no lo tiene. Seguimos, pues, en la tradición eliotiana y el recelo ante la voluntad de «entender» los poemas[44], que Eliot expresó en *Función de la poesía y función de la crítica* y pudo leer Gimferrer en la traducción de 1955, para Seix Barral, de Jaime Gil de Biedma, con importante prólogo[45]. Valga añadir el carácter de libro generacional que para los más jóvenes iba a tener otra traducción de la Biblioteca Breve, la que hizo en 1959 Juan Petit de la obra de Hugo Friederich, *Estructura de la lírica moderna.*

En todo caso, el trasfondo compartido por estas intuiciones es el dominio de la ambigüedad suscitada por la sucesión de la imagen y el tiempo, y su solidaridad inse-

---

[44] La reciente reimpresión del libro de Terry Engleton, *Una introducción a la teoría literaria,* Madrid, FCE, 1993, hace más oportuna si cabe la relectura de páginas muy valiosas sobre este *lugar* eliotiano: cfr. páginas 56-59.

[45] Del mismo modo que, en poesía, el Eliot «que se lee no es ni uno ni el mismo en toda la posguerra», como subraya Jaime Siles, «La recepción de la poesía extranjera en la Colección Adonais», en *Medio siglo de Adonais, 1943-1993,* Madrid, Rialp, 1993, págs. 219-220. El de Gimferrer fue el de los *Cuatro cuartetos,* traducidos por Vicente Gaos en Adonais, 1951 (aunque circulaba también un volumen misceláneo de *Poemas,* de 1946 y de la misma Adonais, con diversos traductores) y *The waste land,* aunque estaba traducida al catalán por Joan Ferraté en el número 21 de *Laye* (nov.-dic., 1952), la leyó en una edición bilingüe francesa.

parable: «Ambigüedad: un arte de la apariencia. Aprehensión de un mundo, del mensaje cifrado que emite a nuestros sentidos y cuya clave no poseemos. Ambigüedad esencial de la imagen»[46]. De más está ponderar el interés de estas ideas para quien adoptará la imagen como recurso esencial de su poesía, tal como anotaría tempranamente uno de los primeros trabajos sobre Gimferrer, «Poesía es imagen o la poética de P. G.» (Marco, 1969), con la misma pretensión de aludir al transcurso del tiempo y la mutación de las cosas, del cambio y el centelleo de las apariencias, de la metamorfosis de los objetos y las cosas. Todo ello convierte al cine en el arte del tiempo y al cineasta en el demiurgo capaz de reflejar «ese temblor de cosa provisoria que define nuestro entorno» y que funda nuestro desasosiego en «la metamorfosis secreta del universo, trasmutación del cuerpo y del espíritu». Y por eso el «mensaje de todos los grandes films se reduce a uno: la condición del hombre como ser en el tiempo. Lejos del cine las abstracciones históricas de cierta literatura. (...) Y, de acuerdo con la estética de lo inmanente del arte contemporáneo, en la misma vertiginosa corriente de las imágenes se trasluce esta dimensión temporal de la que el argumento debe ser simple trasunto». De nuevo regresa Gimferrer al lenguaje entrecortado que evoca ya directamente no sólo la poética teórica que inspira sus poemas sino su propia poesía: «No somos; devenimos. Ante nuestra mirada cambia el mundo, y de este cambio es testigo la cámara. Ahí reside su misión; ahí su testimonio. Inmanencia de las imágenes. Dimensión temporal. El cine o la armonía del tiempo»[47]. Más de un poema en *Arde el mar* hará suyo el intento de recrear la superposición de planos temporales y la equívoca sucesión de instantes que son el mismo instante.

El valor de la imagen en Gimferrer tiene una explicación precisa en su tercer ensayo en *Film Ideal*, encabezado

---

[46] P. G., «El cine, arte del tiempo», *Film Ideal*, 137 (1-feb., 1964), pág. 83.
[47] *Ibídem*, pág. 84.

por un verso de Salinas enteramente significativo: «El otro mundo que éste nos rehúsa». Desde esa declaración debe evaluarse el recurso decisivo de su obra poética entonces, la capacidad de una imagen poderosa para resumir íntegramente todo un mundo. Hay aquí una indirecta confesión valiosa para percibir la raíz de tantos homenajes expresados en unas pocas imágenes –pienso en el poema a Hoyos y Vinent, a D'Annunzio, a Óscar Wilde, a Hölderlin o a alguna implícita alusión proustiana en «Primera visión de marzo»:

> En mi recuerdo, todo artista queda fijado por un instante o fragmento de su obra, elevado a símbolo total de ella en gracia a la atonalidad que define a su conjunto. Así Chagall es un macho cabrío que vuela y toca el violín sobre un cielo azul pastel; Proust, las páginas en que nos describe las imágenes que en él evocaba, cuando niño, el nombre de Guermantes[48].

Y la poesía será el parangón natural para el cometido fundamental del cine, en dos momentos del mismo artículo y sobre la base de la capacidad reveladora de la imagen:

> Indeliberadamente, obedeciendo a una secreta voz del instinto, tales obras nos remiten a una más alta realidad, al mundo de ideas y sensaciones abstractas a cuya dinámica se acompasa nuestra existencia. Como la poesía, el cine efectúa un calado en los misterios esenciales de nuestra conciencia. De ahí que, intermitentemente, muchos de estos filmes vean quebrantada su unidad por la irrupción de un momento que, como un brusco desgarrón de luces, nos abre ventanas sobre el ser humano.

Son esos momentos los que «operan como catalizadores de la síntesis creadora, reivindican para el cine la misión reveladora de los misterios del ser humano que hasta hoy fue patrimonio de la poesía»[49]. A esto lo habrá llama-

---

[48] P. G., «Hacia una cine operístico», *Film Ideal*, 143 (1-mayo, 1964), pág. 296.
[49] *Ibídem*, págs. 297 y 298.

do unas líneas más arriba «instintivismo —que no irracionalismo— abstracto, donde no importa tanto la convencional dramaturgia de la narración como aquellos momentos en que la aprehensión de lo real nos hace accesible la verdad de nuestro espíritu», lo que equivale a defender la legitimidad de toda poética y todo estilo para capturar fugazmente esa metafísica del ser que hay al final del túnel.

Gimferrer ha recordado a menudo el consejo de Cabral de Melo, en torno a la imagen visual como mecanismo expresivo esencial y la necesidad de nombrar únicamente lo visualizable, no el concepto abstracto (Munné, 1978; Tendero, 1985; Gracia, 1993a). Después se tratará únicamente de percibir los distintos ámbitos de los que procede esa imagen: bien de la sofisticada elaboración poética del modernismo, bien del mundo de lo onírico y casi automático, bien del cine, bien de otros libros y autores, pero «res que no puguem imaginar no serà poesia» (*Dietari*, I, 198).

Pero quizá la influencia de Cabral de Melo en Gimferrer tiene su origen remoto a través de Brossa y la aptitud del poeta brasileño para reconocer en Brossa una insólita combinación de efectos y recursos vanguardistas, de estirpe surrealista, junto con un vocacional empeño desenmascarador e ideológico de la realidad[50]. Y es Gimferrer quien ha de aclarar esta aptitud de Brossa, que emite más de un destello válido para explicar poemas de *Arde el mar* como «Invocación en Ginebra» o fragmentos aislados de «Primera visión de marzo»: «La empresa fundamental de la poesía brossiana ha sido, en último término, la superación del círculo vicioso que hacía del vanguardismo y el realismo dos tendencias irreconciliables (...) La obra de Brossa es, pues, una encrucijada decisiva en la evolución

---

[50] Cfr. el Prólogo de Cabral de Melo a *Em va fer Joan Brossa*, 1951, y el trabajo de Manuel Sacristán, tan intencionadamente titulado «La práctica de la poesía», prólogo a Joan Brossa, *Poesia rasa* (1969) incluido en Manuel Sacristán, *Lecturas. Panfletos y materiales IV,* Barcelona, Icaria, 1985, pág. 220 y ss.

de la poesía de vanguardia; la incorporación del vanguardismo a una temática conexa con la realidad no supone en ella ninguna contradicción en términos» (*Radicalidades*, 73-74). Es difícil no evocar las cuñas de crítica propiamente ideológica que Gimferrer introducía al hilo de su poema sobre D'Annunzio o en la evocación consternada de sus visitas infantiles al confesionario.

La reiterada apelación a la ambigüedad y la imprecisión de un conocimiento intuitivo y no racional tiene muchas posibilidades de equiparación —cuando menos retórica y figurada— con una intensa disposición para lo mágico que hemos subrayado ya como ingrediente capital de la sensibilidad de Gimferrer. Los protagonistas de *The big sleep* pueden ser vistos bajo ese prisma como personajes que «viven y dirimen sus apasionadas contiendas en un mundo poderoso y cambiante como las estaciones o los rituales de hechicería» y no es casual el término mágico de la comparación porque sus análisis literarios o de cine de esta época acuden repetidamente a esa comparación para expresar el efecto último de la obra (tan próximo, por tanto, a su propio mundo poético en *Arde el mar*): «La prístina evidencia hawksiana precipita a la obra en una realidad total, interna, y por lo mismo, mágica, que se nos escapa en el mismo acto de hacerse nuestra, que nos supera precisamente porque su esencia está en nosotros mismos, tal estos árboles más altos cuanto más arraigados»[51].

Estas y otras expresiones obligan a hablar de la experiencia de espectador basada en la aptitud para reconocer una excitación sensorial e intelectual —espiritual, religiosa, si se quiere—, más allá de su explicación racional: de ahí, la hechicería, el efecto mágico, la misma hipnotizada entrega que hallaremos en sus poemas cuando reconstruya, por ejemplo, la escenografía de un crepúsculo. No parece casual que esta reseña de *The big sleep* la abran y cierren sendas citas de un poema de Guillén, como en

---

[51] P. G., «*The big sleep*», *Film Ideal*, 145 (1-junio, 1964), pág. 382. Todas las citas, en la misma página.

otras ocasiones fueron Salinas o García Lorca, y que hallemos en él la transición de «la posesión de lo real que, en fuerza de serlo, deviene mágico». La misma descripción de «un movimiento incesante de ida y vuelta de lo real a lo ideal, del pensamiento a la materia, del acto a la reflexión que lo rige» delimita buena parte del cometido de su propia poesía. Del mismo modo, las imágenes de violencia tendrán una aspiración en la poesía de Gimferrer semejante a la que describe en el film de Hawks: «incidir en una suerte de seco estallido, ráfaga que intermitentemente transe de parte a parte los sordos tabiques de la conciencia»[52]. Y evoco, en este contexto, el modo en que narra Proust su experiencia de lector infantil, los «incensantes movimientos de adentro afuera, en busca de la verdad», en la conciencia vista como «pantalla coloreada por diversos estados», cuyo recorrido empezaba en «las aspiraciones más hondamente ocultas en mi interior, ˙ acababa en la visión totalmente externa del horizonte que tenía al final del jardín»[53].

Otro artículo habrá de definir la función del arte como la del conocimiento del hombre, pero no sobre la base del realismo o la «suplantación aproximativa de la realidad», sino de la gestación coherente «de *otra* realidad» por los medios específicos del arte: «cerrazón o luminosa campana de cristal en la que las fuerzas sometidas a un homogéneo movimiento de traslación luchan por seguir siendo (...) para imponernos una evidencia que exorcice la fugacidad del instante»[54]. Y así distinguirá un cierto cine cuyo

[52] *Ibídem.* Y esta reptida forma de conocimiento está incardinada en su comprensión del arte moderno: «Si hay algo de exorcismo, si hay una función ritual en el arte moderno, una secreta mística, no deberemos buscarla tanto en la pintura abstracta (...) como en este extraño conjuro óptico de que es ministro la cámara. Conjuro que sólo cobra una razón de ser en cuanto nosotros lo asumimos y hallamos en él una vía hacia el propio conocimiento.»; cfr. P. G., «Juntos hasta la muerte», *Film Ideal,* 170 (15-junio, 1965), pág. 425.

[53] Marcel Proust, *Por el camino de Swann,* Madrid, Alianza Editorial, 1979, pág. 107, trad. de Pedro Salinas.

[54] P. G., «El cine y su dominio», *Film Ideal,* 164 (15-marzo, 1965), pág. 191.

sentido surge de la coherencia que otorga el espectador a los fragmentos dispersos, a los vacíos y discontinuidades, y que a veces no requiere para su comprensión más que la percepción de su fragmentación porque «al ser la reflexión sobre ella puramente intuitiva y sensorial, la obra puede disolverse en el recuerdo de la cetrería de sombras de su apariencia»[55].

No he citado tan en pormenor estos pasajes únicamente por su rareza o su escasa divulgación sino también por el fraseo de Gimferrer, por la visible proximidad de una prosa ensayística a las imágenes y recursos expresivos de su obra lírica, y aun por un último motivo que habla de la evolución del escritor: la transparente confesión que menudea en esos textos ha de ir desapareciendo en la obra futura de Gimferrer. La espontaneidad y el genuino entusiasmo por una forma de expresión y de conocimiento son análogos al vigor y la impulsiva transparencia de los motivos poéticos que llegan a un libro como *Arde el mar*. Otra cosa, bien distinta e igualmente reveladora de su taller poético, es que en *Arde el mar* el registro irónico, la aptitud para el disfraz distanciado y lúdico, la voluntad de experimentación y el sentido de una cierta irresponsabilidad personal, maticen todas esas convicciones. O bien se integran en el ejercicio de estilo, en un amaneramiento consciente de su estudiada afectación, o bien descubren la inocuidad de una aparente trascendencia esencialista y metafísica[56]. Es esa facultad para romper el envaramiento con una genuina ironía romántica, con el distanciamiento de máscaras superpuestas y premeditadamente experimentales y artificiosas, lo que levanta ese escaparate den-

---

[55] *Ibídem*, pág. 195.

[56] No le faltaba razón a la primera reseña extensa y globalizadora sobre la poesía de Gimferrer, cuando apelaba repetidamente a la ironía como actitud previa y voluntad del poeta de *Arde el mar*, idea que ha sido subrayada de nuevo por distintos autores pero que no fue en su momento muy tenida en cuenta; cfr. Martín Vilumara [José Batlló] 1968. La mayor parte del texto se reproduce en el artículo del mismo Batlló, 1981, págs. 21-22, de ahí que se hable de un «recentísimo libro», *La muerte en Beverly Hills*, que en 1981 tenía ya trece años.

so de aficiones y referencias que a veces parece ser *Arde el mar* y lo aleja de la metafísica como tema poético y el lenguaje como absoluto literario a los que ha ido acercándose el autor desde los años 70.

El dato que acaba cerrando el círculo es el uso del español como lengua poética, particularmente útil para el juego y la experimentación, para la recreación de un personaje, para la ficción imaginativa y alejada de su intimidad más genuina (Bou, 1989; Gracia, 1993a). Repetidamente Gimferrer ha explicado esa transición como agotamiento de un ciclo poético, pero también como la voluntad de reencontrar una voz más personal y subjetivamente fidedigna, sin salir de los márgenes obvios de la convención literaria. La adopción de la lengua materna no significa otra cosa que la construcción de otro personaje literario, «però si l'autor vol abordar idees o circumstàncies més lligades al nucli de la seva personalitat, haurà de recórrer a la llengua materna»[57].

LA CRÍTICA APODÍCTICA DE UN POETA

Una de las habituales páginas en *Ínsula* de Emilio Miró, que no llegó a ocuparse de *Arde el mar,* pero sí de *La muerte en Beverly Hills,* colocaba muy estratégicamente dos alusiones al libro de 1966 que merecen recordarse. Un año después de *Arde el mar,* y tras medio año del Premio Nacional, el crítico declaraba ser «firme defensor de la poesía calificada despectivamente por algunos de culta» y aspiraba a hacer comprender «la necesidad de "cultura", de "arte", de "belleza", de "inteligencia", en nuestra actual poesía española». De ahí la conveniencia de mirar a Hispanoamérica, como en el caso del cubano Gastón Baquero (que motiva la reseña),

---

[57] [pero si el autor quiere abordar ideas o circunstancias más ligadas al núcleo de su personalidad, habrá de recurrir a la lengua materna] *Valències,* pág. 34.

aunque sería injusto por mi parte que no mencionase aquí el hecho clarísimo de una transformación en nuestra poesía, de la que puede ser una ejemplar muestra el hermoso libro del joven poeta barcelonés Pedro Gimferrer, *Arde el mar,* aparecido en febrero de 1966, que ya está ejerciendo evidentes y notables influencias, y buena prueba es el último libro comentado en la presente crónica (Miró, 1967).

El libro al que alude está dedicado a Gimferrer por uno de los más asiduos amigos entonces en Barcelona, Guillermo Carnero, *Dibujo de la muerte,* «nueva aportación a esta reciente vena de poesía literaria, esteticista, de delicada y sutil recreación artística» (Miró, 1967). Quien sí había reseñado *Arde el mar,* en la misma *Ínsula,* era otro buen amigo de Gimferrer, José Carlos Mainer, que anotaba lo atípico de esa poesía sin omitir su significación histórica: «Cuando en España no se cae en lo que el docto profesor definió "álgebra superior de las metáforas", se tiende a lo chapucero, llamado social por los entendidos» (Mainer, 1966). De lo mismo estaba hablando Marcos Ricardo Barnatán cuando subrayaba en las columnas laterales de *Poesía española* la dificultad de «encontrar, ahora, similitudes entre esta poesía y la del resto de toda esta joven generación en gestación. (...) Acaso sería lo más acertado calificar a la poesía de Pedro Gimferrer como una poesía más europea. Concretamente, como una poesía más atenta a la sensibilidad continental que a una determinada zona española» (Barnatán, 1966: 17). Ese punto de novedad del libro estaba también en el suelto anónimo que en *Destino,* y muy probablemente de la mano de Joaquín Marco, informaba escuetamente del Premio Nacional a Gimferrer, que «se halla en la línea de un evocador neorromanticismo. Destaca por el cultivo de la imaginería y el ritmo»[58].

---

[58] [Anónimo], «Pedro Gimferrer, Premio Nacional de Poesía», *Destino,* 1535 (7-enero, 1967), pág. 41, y Marco, 1969. Es curioso que la reseña de Guillermo Díaz-Plaja (1968: 52), originalmente publicada en *ABC,* aluda también de modo implícito a Ortega para alejar *Arde el mar*

En todo caso, la asunción pública de una beligerancia no llegaría hasta los primeros años 70. Para entonces, la escasa resonancia de los lugares en los que Gimferrer se expresó muy crudamente sobre la poesía española, como *El Ciervo,* es sustituida por otras plataformas de mayor repercusión, animada, además, por la polémica levantada por *Nueve novísimos* y las propias declaraciones poéticas de los autores allí reunidos. En la Poética para la antología de Martín Pardo, de 1970, Gimferrer atribuía la esterilidad de tres cuartas partes de la lírica actual a la renuncia a plantear «el problema entre las palabras y la realidad práctica» y la consiguiente oxidación de la imaginación: «la banalidad ocupa el puesto de la revelación poética», último y más genuino destino de esta específica concepción de la poesía. Y esa ancha y extensa esterilidad no debía ser retórica porque ahí mismo hacía patente la verificación efectiva de ese desprecio por el inmediato y más reciente pasado poético español: «Sobre literatura castellana sólo he escrito un ensayo, aún inédito, titulado "Tres heterodoxos": es un examen sucesivo de la obra de Juan Larrea, Carlos Edmundo de Ory y Leopoldo María Panero. Que éste sea el único texto y que los poetas de que trata sean precisamente éstos, indicará tácitamente cuál es mi juicio sobre la actual poesía española» (Martín Pardo, [1970] 1990: 27).

La poética editada después, «A modo de conclusión», en el libro conjunto con Salvador Clotas, *30 años de literatura española,* iba precedida por un enérgico y áspero balance descalificativo de la fosilización del lenguaje poético de posguerra (en diagnóstico que tenía precedentes tan notorios y tempranos como el del antiguo crítico de la revista *Índice,* José Ángel Valente, y su compilación de ensayos de 1971, *Las palabras de la tribu,* reeditado por Tusquets

---

de «una álgebra superior e insoportable». Aparte de las citadas, otras reseñas de la época fueron las dos de Tomás Alcoverro, en gran medida repetidas (1966 a y b) y A.[ntonio] [Fernández] M.[olina] (1966). Otra reseña le dedicó Lorenzo Gomis en *La Vanguardia,* reproducida en la solapa del libro de la colección El Bardo, de Lázaro Santana, *El hilo no tiene fin* (1966).

en 1994). De ahí obtenía un saldo que se resumía en algo de Claudio Rodríguez, Jaime Gil de Biedma y José Ángel Valente porque se salvaron de una poesía «en definitiva esterilizadora y academicista» (Gimferrer, «Notas parciales», 97). No dejaba de ser una escuálida y sesgada nómina para una etapa con autores y poemas rigurosamente valiosos: Ángel González, Francisco Brines, Carlos Sahagún, José Hierro.

Todavía había de llegar un texto algo más sosegado pero no menos crítico con la poesía reciente, que reproducía en esencia las ideas contenidas en las «Notas parciales». La lógica interna de su capítulo sobre pensamiento literario en el colectivo *La cultura bajo el franquismo* se resumiría en que la reanudación de la tradición poética *verdadera,* la del 27, llega únicamente con los poetas *novísimos,* lo que equivale a decir que la única poesía de vanguardia procedía de América Latina: Lezama Lima, Octavio Paz, Nicanor Parra, Álvaro Mutis. Una mínima inflexión poética salva a parte de la poesía social porque algunos de sus poetas limpiaron su maleza (o «la pelambre espesa de la mentecatez»), para crear una «poesía de la experiencia personal» —que caracterizaría globalmente a los mejores poetas, y por delante de todos ellos J. Gil de Biedma. La verdadera excepción será «un poeta mayor», el único comparable al 27, José Ángel Valente, que supo perder el lastre de sus condiciones de partida y asumir el genuino lenguaje de la vanguardia (Gimferrer, «Pensamiento literario»).

Es indudable, sin embargo, que el conjunto de razones teóricas y estéticas que alejan tan marcadamente a Gimferrer de los hábitos poéticos anteriores, tiene su origen en cuanto hemos ido viendo en el apartado anterior. Pero sería muy parcial esta visión sin una mirada a su crítica literaria propiamente dicha. A propósito de Joaquín Marco —destinatario de la «Oda a Venecia»— y su segundo libro de poemas, *Abrir una ventana a veces no es sencillo,* Gimferrer establece unos supuestos preliminares que al lector de hoy pueden parecerle de particular interés:

Aunque a todas luces esto no tiene por qué interesarle mayormente al lector, debo decir que los postulados de investigación realista que han movido en los últimos lustros una corriente bien definida de la poesía española (...), no me parece que supongan la solución más idónea a un problema por demás acuciante, por lo menos en la medida en que renuncian a todas las ventajas de la tradición simbolista para a cambio liberarse —el lenguaje poético es y será siempre convencional, como todo lenguaje— de muy pocos de sus inconvenientes[59].

Por los mismos años razonará también, mientras comenta sendos libros de Gabriel Ferrater y Jaime Gil de Biedma, su incapacidad para un tipo de poesía nutrida de la vida moral del poeta —en reseñas más conocidas ahora por su reproducción en un número reciente de *Ínsula,* pero publicadas en *Cuadernos hispanoamericanos*[60].

A propósito de Foix, y en 1964, apuntaba Gimferrer a otro ángulo de su propia geografía lírica: «Quizá tan sólo Pound ha logrado transmitirnos con semejante fidelidad la historia de unos años y un país por procedimientos no realistas que, transfigurados por una voluntad creadora, nos remiten finalmente a la realidad más inmediata, física y metafísica»[61]. En este sentido, un pasaje de su primer trabajo en *Ínsula* parece destacar otro de los rasgos esenciales de su propia poesía, y de su voluntad de instalarse tras el rastro de una concepción de la modernidad, es decir, ese

carácter primordialmente reflexivo de las artes contemporáneas, donde cada rasgo es crítica, profecía y meditación en torno a la obra. De este modo, Eliot ha podido rastrear y desmenuzar las fuentes de su propia poesía —no por ello menos «sentida», téngase esto muy en

[59] P. G., en *Ínsula,* 228-229 (nov.-dic., 1965), pág. 17.
[60] Cfr. *Ínsula,* dedicado al grupo poético «Escuela de Barcelona», 523-524 (julio-agosto, 1990), págs. 44 y 54, y véase García de la Concha, 1989.
[61] P. G., «Una obra completa» [*Antigua lírica,* de J. V. Foix, Rialp], *El Ciervo,* 129 (nov. 1964), pág. 12.

cuenta— y el mismo Perse está muy lejos del irracionalismo visionario que su caparazón mágico podría sugerir[62].

Observación ésta particularmente útil para quien había escrito *Mensaje del Tetrarca* bajo la explícita advocación del Premio Nobel de 1960, pero también para quien descubría en la prosa minuciosa y precisa, obsesiva, de Azorín, una insólita proximidad a la «fantaciencia»[63] o identificaba en la voluntad registradora y detallista de Fray José de Sigüenza una sintonía con el objetalismo contemporáneo de Robbe-Grillet porque no trató «sino con materialidades, y las aguzó hasta la transparencia»[64]. No obstante, conviene ver en Ezra Pound, en la versión de Jesús Pardo que entonces conoció Gimferrer, una de las fuentes más importantes para la concepción precisa del poema y las posibilidades estructurales y combinatorias que su uso del verso y de la historia demuestra. Algunos de los poemas de Gimferrer guardan una visible semejanza con Pound e incluso tiradas enteras (como, visiblemente, en el Canto VII, el XVI o el XX) o versos aislados como, y cito sin seleccionar demasiado, «la luz cruje en las ramas», «el sol enciende solitario el río» o «hay un brillo vinoso bajo el agua somera / un relámpago de latón bajo el sol de diamante» podrían *estar* en poemas de Gimferrer. Ciertamente nada de ello muy alejado de Eliot, particularmente en la brusca interrupción reflexiva sobre la escritura del poema, como en «Burnt Norton» o «East Coker», que también conoció por entonces.

Menos sorprendente habrá de resultar la temprana devoción gimferreriana por el modernismo, su filigrana verbal y su fastuosidad imaginativa, tan patente para los

---

[62] P. G., «"Les chiens de paille" o la historia de un desenvolvimiento», *Ínsula,* 211 (junio-1964), pág. 13.

[63] P. G., «Una paranoia objetal», *El Ciervo,* 125 (mayo-1964), pág. 13. Una imagen resume ese fenómeno: «Una frialdad metálica nos sobrecoge en Azorín: no es un hombre el que habla, sino un espejo que refleja el vacío de un cosmos objetal.»

[64] *Los raros,* pág. 60, pero véase «Entre los clásicos», *El Ciervo,* 130 (dic.-1964), pág. 13.

lectores de entonces que Prat lo llamaría «segundo Darío» (Prat, 1982a: 209). En diciembre de 1963, con 18 años, abre una nota crítica a varios libros sobre el autor de *Azul* en estos términos: «Rubén Darío me descubrió la poesía. Rubén Darío sigue siendo [¿!] —con Saint-John Perse— mi poeta preferido»[65]. Pero existe también un punto de fascinación por la heterodoxia y las formas de la marginalidad bohemia finisecular o por las sombras galantes y decadentes del primer tercio de siglo, y que tan paradigmáticamente encarnó alguno de sus poemas. Así, ha de contar en enero de 1967, ya publicado *Arde el mar,* su entusiasmo por Ronald Firbank, cuyo equivalente en España son «sórdidas caricaturas sin elegancia», como Hoyos y Vinent. Y una página de septiembre de 1966 estaría dedicada a Alejandro Sawa, «para suscitar por su desdichada figura la evocación de un tiempo y unos seres hoy anegados en la marea impiadosa del olvido». La descripción del destino que esperaba a «aquellos fantasmones enlevitados y hambrientos», Sawa, Hoyos y Vinent, Armando Buscarini o Pedro Luis de Gálvez (tan alejados de la «bohemia dorada y cosmopolita a lo *beatnik*» de 1966, precisa), se cierra con una apostilla que vale como glosa al poema que había dedicado a Hoyos y Vinent: «ni el lector ni yo retendremos estos nombres: el olvido les hizo justicia. Pero su dolor inútil merece siquiera un recuerdo»[66].

Y son sin duda este ámbito y esta época los que despiertan el sentido de la nostalgia más fuerte en Gimferrer, como es bien patente en *Arde el mar,* en la recreación de la mayor parte de sus estímulos de entonces en *Fortuny* y en gran medida en el *Dietari,* y que el propio autor había de mostrar con abundancia de citas y referencias en uno

---

[65] P. G., «Del caballero Nebur», *El Ciervo,* 120 (dic.-1963), pág. 11. Véase también «Actualidad de Rubén Darío», *El Ciervo,* 156 (feb.-1967), pág. 13, pero ha sido citado por Gimferrer en múltiples lugares como lo que indica ese primer artículo, su descubridor de la poesía. Remito sólo a «Leyendo a Rubén Darío», *El País, Libros* (7.VII.1985), pág. 8, y a la Introducción a R. Darío, *Poesía,* Barcelona, Planeta, 1987.

[66] «Alejandro Sawa», *El Ciervo,* 151 (set.-1966), pág. 13.

de los más interesantes ensayos en *Film Ideal,* el titulado «La nostagia de un arte». Allí se ocupaba de «una extraña y húmeda poesía [que] se hace accesible al espectador: la poesía de lo nostálgico»[67], expresamente vinculada a unos autores y a unas emociones que constituyen los pretextos culturales para más de un poema de *Arde el mar:*

Es triste sobrevivir a su tiempo. Más aún nacer en un tiempo sintiéndose de otro espiritualmente. (...) El arte del pasado —concebido o no en el presente— lleva en sí mismo el germen de su propia nostalgia, pero no vive de ella; por el contrario, es más bien un arte exaltado, pleno, dionisíaco, que se inflama en sus propias verdades secretas, minerales. Nada hay para nosotros más melancólico que un poema de D'Annunzio, Nietzsche, Anatole France, Bernard Shaw, Maeterlinck, Oscar Wilde, pertenecen a un mundo remitido al silencio y la leyenda, abolido, vejado, barca de Caronte de abanicos y lacas novecentistas. Nos hablan de un universo sólido, cerrado, circular, movimiento de rotación en torno a una antesala de relaciones y creencias sociales, políticas, históricas, mentales, en suma. *El fuego,* de D'Annunzio, es una obra vitalista y apasionada, nacida de la inmensa fe que su autor sentía en los valores de un mundo que hoy nos resulta fantasmagórico y glacial. Por ello la lectura de *El fuego* es para nosotros una de las más deprimentes que cabe imaginar[68].

No voy a excusar la extensión de la cita porque mentiría. Me parece tan enteramente reveladora de por qué es como es *Arde el mar,* que podría muy bien convertirse en el lema explicativo de algunos de sus mejores poemas: «Esta sorda angustia de un hombre desplazado por perpetuar su mundo estético constituye la belleza y el atractivo

---

[67] P. G., «La nostalgia de un arte», *Film Ideal,* 156 (15-nov., 1964), pág. 760. Y véase alguna imagen reveladora: las pausas en Tourneur «vierten sobre sí mismo el búcaro de rosas de su universo aristocrático y galante, tiñendo el fotograma de una coloración de estampa antigua» (pág. 762).
[68] *Ibídem,* pág. 760.

inaprensible de tales obras, solos de violín mozartiano en el crepúsculo de una era mental»[69]. ¿No es todo esto el origen sentimental de esa retórica de lo remoto y decrépito, de la invención de una biografía basada en la propia cultura literaria antes que en la propia edad biológica? La edad del poeta de *Arde el mar* es la de su mundo de preferencias y la del magnetismo de una sensibilidad. Por eso impunemente puede fingir reencuentros con uno mismo tocados de la ficción avejentadora y jugar al patetismo del hombre vulnerable: no son poemas de otra época, son poemas de esta época que exploran el potencial de la nostalgia desde la reconstrucción del pasado y la posibilidad de identificación con un mundo que se vivió a sí mismo con la convicción de D'Annunzio o la pulsión suicida y autodestructiva de Oscar Wilde, de Hoyos y Vinent o, a la postre, de Hölderlin. ¿Y no es ésa la raíz para fingir tan desesperada introspección en torno a la lealtad de uno mismo con referencias tan inmediatas como pueda serlo un viaje a Venecia evocado sólo cinco años después? ¿No es éste el germen de la invención de una biografía que se interroga a sí misma no a partir del transcurso real de su vida —a lo sumo unos pocos años— sino a partir de la voluntaria inclusión ficticia en un mundo verdaderamente lejano, sólo literariamente real, fingidamente autobiográfico?

El recorrido que emprende en distintos artículos de *El Ciervo* por lo que llama estertores del modernismo ha de alcanzar también a otros poetas y prosistas algo más tardíos, con el elogio de Antonio Espina y la gratitud por los ensayos de Enrique Díez-Canedo, la reiterada mención, en varios lugares del excelente poeta Herrera y Reissig o de la crudeza de Emilio Carrere, Domenchina y Valle-Inclán. La confesada afición que declara a propósito de José María Eguren y la consideración de *En la masmédula,* de Oliverio Girondo, como cima de la poesía castellana moderna por lo que tiene de pesadilla caótica, por el retrato de un mundo en descomposición, absurdo y fantas-

---

[69] *Ibídem.*

magórico, explican que su trascendencia se declare en términos tan rotundos: «sólo Cummings y Pound, cada uno a su modo, han transformado con audacia parecida el habla poética usual»[70], aunque la fascinación por Jorge de Lima proceda del «lujuriante barroquismo apocalípti-co y un apasionado recargamiento decorativo»[71], mien-tras que la seducción por Raymond Roussel tiene su ori-gen en lo «misterioso y esteticista» y aun en «la conjura poética de las apariencias»[72].

Asistimos ahí a la prehistoria de la *Antología de la poesía modernista* que ha de confeccionar para Carlos Barral, en su aventura independiente de la casa Seix Barral. Un mí-nimo análisis de aquella antología de 1969 confirma la frecuentación de la poesía modernista hispanoamericana —dos tercios de la antología corresponden a autores his-panoamericanos, con especial amplitud para Rubén Da-río, Eguren, Casal, Silva, Herrera y Reissig y el español Juan Ramón Jiménez. Pero la *Antología* no caía fuera de la nueva beligerancia pública que asume Gimferrer en el ámbito español, porque considerará a esa poesía como antídoto —ayudado por el gusto *camp* del día— contra la «aridez dominante en el lenguaje poético de postguerra» (*Antología de la poesía modernista,* 8), como ejemplo de un re-pertorio de clichés *modern style* de simpática extravagancia. En todo caso, la antología estaba guiada por el criterio de que donde exista «un lenguaje modernista hay modernis-mo», según presume un «lector asiduo de poetas moder-nistas en unos años en que casi nadie lo era —y que coin-cidieron con la formación de mi gusto literario ac-tual»[73].

---

[70] P. G., «Oliverio Girondo», *El Ciervo,* 148 (VI.1966), pág. 15.

[71] P. G., «Jorge de Lima», *El Ciervo,* 136 (junio-1965), pág. 15.

[72] P. G., «Raymond Roussel», *El Ciervo,* 140 (oct.-1965), pág. 13. Para los Cuadernos Ínfimos, de Tusquets, había de traducir en 1973 *Cómo es-cribí algunos libros míos.*

[73] *Antología de la poesía modernista,* pág. 14. El artículo sobre Eguren en *El Ciervo* comenzaba así: «Desde siempre interesado por el modernismo, rastreé su huella en los poetas de lengua castellana, del pintoresco y áci-do Carrere al genial Herrera y Reissig. Ahí he tropezado con Eguren.», *El Ciervo,* 139 (set-1965), pág. 11.

De mayo de 1965 es otra valiosa precisión sobre el funcionamiento más primario de la poesía. Ramón de Garciasol, escribe Gimferrer, «rehúsa a conciencia la penetración instintiva propia de cierta poesía moderna en que la formulación nos llega antes que lo formulado, o el recurso antes que el discurso —Eliot y en general tradición metafísica anglosajona; Valéry y tradición mallarmeana»[74]. Y téngase muy presente que cuando se habla de lo primero se está apelando también a un ingrediente estructural totalmente decisivo en la polifonía de voces convergentes que suele haber en los poemas extensos de *Arde el mar*, y aun en aquellos otros más breves, como el dedicado a Óscar Wilde: con Pound, Perse, Eliot, el Juan Ramón Jiménez de *Espacio*,

> surgen diversas voces hablantes, o más bien diversas zonas de una misma conciencia, mantenidas anteriormente en una cohesión ficticia —la impuesta por las leyes de la gramática y la retórica— [que] irrumpen a un tiempo en el discurso. (...) Se ha desvanecido la ficción del hablante único, la del texto unívoco —y con ella la de los géneros literarios. (*Radicalidades*, 49)

Lo que escribe a propósito de *El mono gramático*, de Octavio Paz, es un texto indispensable para las bases del pensamiento poético de Gimferrer, con algunas de las ideas claves sobre la percepción de la luz en el tránsito de la luz, como decía la poética ya citada de 1980, para comprender que competencia del poeta es «ver el acto de ver» y reconocer «el fondo incoloro o fulgurante —espejo de agua en llamas [¡=*Arde el mar!*]— donde nuestra conciencia se reconoce a sí misma y los vocablos se concilian con el mundo que designan» (*Radicalidades*, 53).

Es verdad, sin embargo, que las notas críticas sobre poesía española contemporánea en *El Ciervo* no fueron muy numerosas: indicio, en sí mismo, de la indiferencia de la sensibilidad gimferreriana hacia una poesía poco afín a los supuestos que vamos reconociendo. No obstan-

---

[74] *Ínsula*, 222 (mayo-1965), pág. 9.

te, sí pueden encontrarse dos páginas íntegramente de-
dicadas a diversos poetas. En la primera reunirá reseñas
de A. Espina, J. V. Foix, José Hierro, C. Edmundo de Ory,
J. Á. Valente y Jesús Lizaro. Y llamo la atención sobre

> esta diáfana plenitud, esta tersura y serenidad de diaman-
> te, esta apasionada pureza que hoy destellan en cada ver-
> so de Hierro, con una precisión y una verdad que hacen
> del *Libro de las alucinaciones* lo más parecido a Eliot que se
> haya escrito en castellano. Una verdadera obra maestra,
> donde el rigor conceptual y el poder de reflexión y sínte-
> sis no son obstáculo para el libre fluir secreto del senti-
> miento. ¿Belleza? Sí, belleza, pero indisoluble de la ver-
> dad, belleza irreductible de un verso que se ilumina a sí
> mismo, espejo cóncavo de un estilo en cuya perfección
> clasicista la forma es, como en todo gran poeta, indisolu-
> ble del contenido [75].

Interés equivalente tiene la más circunspecta nota sobre Valente y *Sobre el lugar del canto* en la medida que, escribe, es una selección «de la poesía, de determinada poesía,
de Valente» y que no parece ser la que más y mejor aprecia Gimferrer en quien sería destinatario de la espléndida
«Invocación en Ginebra» [76].

Del mismo mes en que aparecía en librerías *Arde el mar*
es la invectiva contra el «tono cada vez más monocorde
de nuestra actual poesía, destinada al parecer a petrificar-
se en una gris escritura de procedimiento» [77]. Pero el interés aumenta notablemente cuando revisa los últimos versos de uno de los poetas españoles, Claudio Rodríguez,
que más influye en la primera poesía de Gimferrer. Otra
página, pues, reúne al autor de *Alianza y condena*, a Valente
y *La memoria y los signos* y a Alfonso Canales y *Aminadab*. Si
bien ha de subrayar la importancia del primero en el panorama de las letras españolas, Gimferrer aleja ese libro

---

75 «Diáfana plenitud», *El Ciervo*, 129 (XI.1964), 12.
76 Cfr. P. G., «Poesía», *El Ciervo*, 129 (nov.-1964), 12.
77 Reseña común de *Figuras y meditaciones* de Angélika Bécker y *Ni tiro, ni veneno, ni navaja*, de Gloria Fuertes, en *El Ciervo*, 145 (marzo-1966), 16.

del deslumbramiento que supusieron sus dos primeros poemarios:

> Las alusiones brillantes y oscuras que hacían la magia indefinible e inconfundible de *Don de la ebriedad* y *Conjuros* ceden paso aquí en muchos momentos a una rigurosa estructura lógica, que reduce el poema a puro armazón conceptual. Parece clara, por tanto, la evolución hacia una poesía predominantemente ética. Confesaré preferir personalmente, quizá precisamente por marcar el equilibrio entre dos momentos de la escritura de Claudio Rodríguez, el anterior *Conjuros*, uno de los libros más admirables que ha dado nuestra poesía desde 1939[78].

El sentido de la evolución de Valente con ese último libro, *La memoria y los signos*, demuestra ser inverso al de Rodríguez, pero falta en la reseña el previsible entusiasmo, aun cuando define la problemática del libro como «relativa al sentido de la palabra y la experiencia literaria con respecto a nuestra vida»[79]. Lo revelador es, pues, el momento de transición hacia una concepción de la poesía más radicalmente esencialista, delimitada por la manipulación e investigación del lenguaje.

Lo que sin ninguna duda sí apela al centro de su sensibilidad de entonces es el hallazgo en Alfonso Canales de esa «dimensión mágica o imaginativa de que andaba excesivamente faltada nuestra poesía, tan propensa desde antiguo a quedarse monocordemente en lo realista inmediato». Este libro, *Aminadab*, de quien había traducido a Cummings, es la excepción y la apertura «a un inesperado paisaje de ultramundo»[80], expresión asimilable a aquellas otras, ya conocidas, en las que Gimferrer describía lo más

---

[78] P. G., «Tres poetas», *El Ciervo*, 146 (IV.1966), pág. 14.

[79] *Ibidem*.

[80] P. G., «Tres poetas», art. cit., pág. 14. Gimferrer había de reseñar la traducción de esos *Treinta poemas* de Cummings en *Ínsula*, 226 (set.-1965), pág. 8, y, como veremos, ya había apuntado Dámaso Santos en *De la turba gentil...*, Barcelona, Planeta, 1987, pág. 160, que Canales iba a tener un papel esencial en la designación de *Arde el mar* como Premio Nacional de 1966.

rigurosamente propio de la experiencia literaria o cine-
matográfica. No obstante todo lo cual, y a propósito de
Palabras a la oscuridad, de Francisco Brines, Gimferrer deja-
rá reducida la nómina de los poetas de mayor interés, ese
año de 1966, al citado Brines, Gil de Biedma, Valente y
Gloria Fuertes[81].

NOTICIA BREVE DE UNA COLECCIÓN Y DE UN PREMIO

Arde el mar obtuvo el 20 de diciembre de 1966 el Premio Nacional de Literatura José Antonio Primo de Rivera (de poesía) y compartió galardón aquel año con el no-
nagenario Azorín[82], por *España clara,* con J. V. Foix (por
primera vez se creaba un apartado para la literatura catalana), M. Dolores Gómez Molleda por *Los reformadores de
la España contemporánea,* con Tomás Borrás y F. C. Sáinz de
Robles. Jaime Delgado fue ese año el destinatario del premio creado *ex profeso* para su libro *Lo nuestro,* el «Herma-
nos Machado», y, por último, en el apartado de «obra
doctrinal sobre temas político-sociales», se premiaba un
título tan oportuno esos años como *El tema de las ideologías,*
de las editoriales del Movimiento y obra de Luis Gómez
de Aranda.

Formaron parte del jurado de poesía Carlos Robles Pi-
quer, por delegación del Ministro de Información y Turismo, Manuel Fraga Iribarne, y Luis Rosales, Miguel
Mihura, José López Rubio, Ignacio Agustí y Alfonso Canales, como premiado el año anterior. Dámaso Santos
había insinuado ya el decisivo papel de Alfonso Cana-

---

81 P. G., «La poesía de Francisco Brines», *Destino,* 1536 (14-enero,
1967), pág. 53.
82 El estupor causado por ese premio de ensayo «Miguel de Unamuno», del que el propio Azorín podía ser titular más que destinatario, queda bien patente en una nota irónica del brillante columnista de entonces en *La Vanguardia,* Antonio Álvarez Solís; cfr. *La vanguardia,* 22
(dic., 1966), pág. 6, y *El Noticiero Universal* de ese mismo día, pág. 11, no-
tificaba la fundación precisamente del Premio Azorín.

les[83], y, según ha relatado el propio Canales, su intervención logró persuadir a un jurado indiferente ante ese libro —desestimado ya por el jurado de Adonais[84]— y proclive al que presentó Jaime Delgado.

Pero había sido además el propio Canales quien sugirió a Batlló la presentación del libro al premio[85]. Lo que no dejaba de resultar chocante, porque El Bardo se había caracterizado por publicar a antifranquistas notorios y próximos a una poesía políticamente comprometida. Fundada por José Batlló, inició su andadura en 1964 con Gabriel Celaya y *La linterna sorda* y había publicado ya, hasta llegar al número 17 de la colección, el de *Arde el mar,* poemarios de Leopoldo de Luis, Gabriel Celaya, Gloria Fuertes, o ediciones bilingües del excelente *Vacances pagades,* de Pere Quart (Joan Oliver), con prólogo de Sergio Beser y *Libro de Sinera,* de Salvador Espriu, junto a la joven poesía con Joaquín Marco, Félix Grande y José Miguel Ullán. El número cuatro de la colección, con formato de revista, había sido más delicado políticamente: a los poemas de Ángel González, J. Gil de Biedma, J. Marco, C. Álvarez y Julián Andújar había de sumarse una estudiada selección y presentación de poemas de Bertolt Brecht junto a una necrológica reivindicativa de Luis Cernuda. El número 5, todavía en 1964, era un colectivo *Homenaje a Vicente Aleixandre,* en el que Pedro Gimferrer figuraba en la lista de adhesiones. Cabe añadir que en el verano de 1966 recayó sobre El Bardo la sanción de 50.000 pesetas (el mismo importe del Premio Nacional de Gimferrer)

---

[83] Dámaso Santos, *De la turba gentil..., op. cit.,* pág. 160.

[84] Según relata Marcos Ricardo Barnatán, fue el propio José Luis Cano quien invitó a Gimferrer en 1965 a presentarlo al Adonais (Barnatán, 1984: 73). No obstante, el libro con el mismo título no podía contener todos los poemas, tal como lo conocemos ahora, pues el último, «El arpa en la cueva», fue escrito el 31 de diciembre de 1965.

[85] Cuenta estos detalles Alfonso Canales en un documento inédito, de cinco folios, en el que presentó una conferencia de Gimferrer en el Centro Cultural de la Generación del 27, en Málaga, a finales de 1987, y cuyas fotocopias agradezco a su autor.

por publicar una *Antología, 1956-1966* (bilingüe) de Joaquim Horta, que sería secuestrada y guillotinada[86].

No parecía, por tanto, El Bardo el lugar natural para publicar un libro como *Arde el mar,* pero tampoco la colección podía esperar la recepción del premio[87]. Quizá fuera esa desconfianza la que acabase llevando a un segundo juego, tan afortunado como el primero, porque de ese Premio Nacional había de salir la posibilidad de editar otro de los libros de poesía más reveladores y valiosos de aquellos años, *Una educación sentimental,* de Manuel Vázquez Montalbán, escrito entre 1962 y 1963 en la cárcel de Lérida, y que todavía esperaba su posible editor. Lo encontró a resultas del premiado *Arde el mar,* como ha narrado el propio Vázquez Montalbán en el epílogo a su obra poética ya incompleta, *Memoria y deseo*[88].

Este conjunto de paradojas no podía hacer otra cosa que suscitar nuevas paradojas, entre ellas el hecho de que la poesía de Gimferrer liberara, en el sentido más físico de la palabra, un lenguaje y una sensibilidad que conectaban impensablemente con ansias de renovación no necesariamente vehiculables por la vía de la poesía de compromiso político velado o no. En todo caso, hacía evidente el nuevo tono de una época y la más amplia comprensión de lo que significaba la subversión de los su-

---

[86] Cfr. Ignasi Riera, «Pròleg a Joaquim Horta», *Home que espera. Selecció de textos (1955-1992),* Barcelona, L'Aixernador Ed., 1993, pág. 17. El propio Horta había sido editor de una hermosa colección, Fe de vida (que publicaría *Compañeros de viaje* de J. Gil de Biedma o *Fiesta en la calle* de Joaquín Marco), al tiempo que su colección de poesía en catalán, *Signe,* publicaba, entre otras cosas, los pocos pero trastornadores versos de Gabriel Ferrater.

[87] La Editorial Ciencia Nueva, a finales de 1966, iba a hacerse cargo de El Bardo, e iniciaba su trayectoria con múltiples problemas administrativos por la militancia comunista de sus fundadores, y hasta (complementariamente) por portadas tan desafiantes como la de *Política y sociedad en el primer Unamuno,* de Rafael Pérez de la Dehesa, en la que se reproducía la primera página de *El socialista. Órgano del Partido Obrero,* con un retrato de Miguel de Unamuno y la firma perfectamente legible en uno de los artículos de Pablo Iglesias.

[88] Manuel Vázquez Montalbán, «Posdata del autor», *Memoria y deseo. Obra poética (1963-1983),* Barcelona, Seix Barral, 1986, págs. 277-278.

puestos política y moralmente más reaccionarios de la España franquista (Prat, 1982b: 219).

«ARDE EL MAR» Y LAS MÁSCARAS DE LA FICCIÓN

La novedad que muestra en 1966 *Arde el mar* empieza por la ruptura con los hábitos de lector de poesía contemporánea y las mismas estrategias de lectura que pide. La vocación autoexcluyente de su autor es la de sus fuentes y modelos, como el concepto de literatura al que se debe es restringido y estricto. No sabría decir si significa un cambio de paradigma —diría que no, en realidad[89]— pero sin duda sí obligó a accionar mecanismos de lectura abandonados, donde la mirada y la inteligencia debían reeducarse, o recuperar el entrenamiento de una lectura de Rimbaud, de Lautréamont, de Pound o del García Lorca de *Poeta en Nueva York*.

Ese pudo ser el dato inmediato más llamativo del libro, sumado a su considerable abstracción de los supuestos bajo los que se escribía poesía, y buena poesía, en España. Y para 1966 eso significa hablar de *Moralidades* de J. Gil de Biedma, *La memoria y los signos,* de Valente y *Palabras a la oscuridad* de Francisco Brines. Pero hubo más datos insólitos. La primera persona de los poemas adoptaba diversas caras y máscaras, hablaba en registros simultáneos y distintos en un poema o en varios, y el libro como tal prefiguraba el ejercicio de un transformista imaginativo e irónico antes que el cuplimiento de un deber moral inaplazable (ante el que se sentía sin la menor responsabilidad). En contraste, sin embargo, su registro poético era muy a menudo el del romántico convicto y apasionado, que rechaza el entorno y expresa en los poemas, por vía indirecta, su sofisticada sublevación contra la mezquina realidad. Y lo hace con una vistosidad innegable, con un aparato imaginístico y una brillantez visual inusuales. Los lenguajes y las tradiciones que reúne la aptitud sinte-

---

[89] Véanse, no obstante, Vilas (1985) y Sánchez Torre (1993).

tizadora y mimética de Gimferrer en *Arde el mar* son los responsables de esta peculiar vistosidad del conjunto: la reanudación consciente del simbolismo inicial y el modernismo europeo, de las vanguardias con el surrealismo a la cabeza y su progenitor maldoroniano, con el contagio casi físico de una definida poesía hispanoamericana: Paz, Neruda, Eguren, Lezama Lima. Y lo notable era que esos nombres constituían las raíces del mundo privado y sentimental que expresaría el libro.

Pero lo que salva a *Arde el mar* del mero exhibicionismo, del amontonamiento de quincalla modernista, más retales de los infiernos surrealistas (con el oportuno corte autorreflexivo con cita de Pound), es la posibilidad de identificar en cada una de esas tradiciones los disfraces para hablar de la propia sensibilidad, los pasamanos necesarios para la madurez de un escritor, la ubicación concreta de cada referencia en la subjetividad más íntima. De «continua voluntad testimonial» ha hablado Jenaro Talens, con muy preciso y exacto juego terminológico, para justificar esa historia privada de una educación sentimental[90]. *Arde el mar* no sería el gran libro que es si no fuese también la destilación última de una introspección, de un análisis personal y una indagación en las recámaras de la conciencia. El cinéfilo, el crítico de arte, el crítico literario, han ido inventando y aprendiendo los recursos capaces de hacer de su biografía intelectual, la materia y la expresión de un puñado de excelentes poemas. El libro pide así una participación vigilante del lector para detectar detrás de cada fetiche estético, de cada evocación histórica y sofisticada, una alusión a una forma específica de sensibilidad, a un modo de acercarse al mundo del arte, es decir, a la vida. Es un modo de describir el recorrido seguido por una sensibilidad memoriosa e imaginativa, culta y muy rigurosamente leal a las fuentes de su formación.

Los quince poemas que incluyó Gimferrer en el libro proceden de los diversos experimentos que por entonces

---

[90] Talens, 1972, y Angel Sopeña: «la historia sentimental se disfraza de historia literaria» (1986-7, 30).

realiza. El orden de los poemas no parece responder a un perfil demasiado preciso, aparte la intercalación de algunos poemas breves como remanso entre otros más ambiciosos o la colocación final y deliberada de «El arpa en la cueva». En todo caso, conviene tener presente que «Cascabeles» es de 1963 y había aparecido en *Poesía española* e «Invocación en Ginebra» es del mismo año. «Himno» apareció en *Rocamador*, a finales de 1964, mientras que «Una sola nota musical para Hölderlin» estuvo escrito antes de diciembre de 1965, momento en el que apareció en *Caracola*. Tanto «Band of angels» como «El arpa en la cueva» son de 1965, el segundo escrito el último día del año, según «Algunas observaciones».

Para un poeta con un alto grado de programación de su trayectoria literaria y de sus distintos empeños, el simbolismo implícito en esa fecha y en el poema no es casual, ya que corresponde al final de un determinado tipo de experimento y al inicio de otro. Alguno de sus resultados figuran en el apéndice de esta edición, pese a que la mayor parte de poemas fueron desestimados por el autor (y no editados, por tanto). Me refiero a poemas que debieron constituir el libro *Madrigales* (del que editó la plaquette *Tres poemas,* en Málaga, 1967) o *Experimentos en poesía,* del que sólo apareció uno («Himno tercero») en *Claraboya,* aparte de otros poemas que había de excluir de *Arde el mar,* pese a estar escritos ya por entonces, como «El mesnadero», publicado en *El Ciervo* en febrero de 1965 y próximo a *Mensaje del Tetrarca,* o «Un poema para Raoul Walsh», aparecido en junio del mismo año en *Film Ideal,* de tema muy afín a otro que ha hecho público Gimferrer, recientemente, en el Homenaje a Manuel Alvar, «El tigre de Esnapur». Quizá alguno posterior, como «Sonámbulo en primavera» (*Ínsula,* 232, marzo de 1966), pudo estar escrito antes de aparecer el libro. Únicamente una nueva vía resultó válida para el autor, la que inciaría en julio de 1967 e iba a desembocar en un libro unitario de 1968, *La muerte en Beverly Hills.*

Sin embargo, un libro destinado a funciones tan detonantes empieza con dos versos en la más rigurosa tradición hispánica, con el octosílabo del romancero. Sólo son los dos versos iniciales de «Mazurca», que enseguida dan paso al alejandrino, metro básico de muchos de los poemas. El versolibrismo del libro es, como casi siempre, engañoso porque su base métrica es bastante clásica: la combinación de endecasílabos y alejandrinos sueltos es muy habitual, con algún ocasional verso corto (casi siempre un heptasílabo), como en «Mazurca», «Cascabeles» o «Primera visión». Pero también es habitual la tirada de versos endecasílabos sueltos, como en «Band of angels», o en los más previsibles dado su referente clásico, «Canto» o «Himno» (éste último con un aislado heptasílabo de cierre, al igual que «El arpa en la cueva» reserva para su penúltimo verso el único heptasílabo, además de alguna dialefa marcada, como en el verso que cierra la primera tirada de endecasílabos: «Pero qué cielo / éste del otoño»). El verso largo —el versículo— suele adoptar el alejandrino como base, con algún metro menor, como en el último verso de «Una sola nota musical para Hölderlin», que combina un heptasílabo más un alejandrino. Vale la pena anotar, por último, alguna rareza experimental en un poeta tan sensible al artificio métrico. Pienso en la tirada de heptasílabos arromanzados de «Julio de 1965», en las que el cambio de asonancia marca el inicio de la segunda sección del poema, o bien el poema más exótico en este sentido, «Cuchillos en abril», con ese raro uso del eneasílabo en cuartetos con rimas cruzadas y los versos pares agudos y asonantes (a excepción del segundo cuarteto), mientras los impares son consonantes excepto en el último cuarteto.

Tempranamente se llamó la atención sobre la repetida interrogación sobre uno mismo, frecuente en el libro y particularmente insistente en algunos de sus mejores poemas[91]. Pero cuando la voz del poema se pregunta sobre sí misma no sólo actúa un impulso introspectivo sino, y so-

[91] Desde González Muela (1970 o 1972), o García de la Concha (1972) hasta los más recientes análisis de Manuel Vilas (1986) y Ángel Sopeña (1986-1987) o Debicki (1993) y Gracia (1993b).

bre todo, una voluntad de suplantación del modelo cultural escogido: la identificación con uno mismo es la identificación con el modelo, y el yo del poema es el del autor de referencia. Pero el modelo resultará ser siempre una sensibilidad alejada en el tiempo y bañada en una nostalgia vagamente irónica y nunca enteramente solemne o grave. No suele mencionarse la frecuente inspiración clásica de algunos poemas de *Arde el mar,* pero el Teseo del poema «Canto» es el propio poeta que hace las veces del personaje mitológico. Puede jugar aquí Gimferrer con una de las variantes del mito, la que hace a Ariadna entregar a Teseo no un hilo sino una corona luminosa que le sirve de guía en la cueva del Minotauro. De ahí que la pregunta sea: «¿Qué luz / punza mis ojos, varetazo, daga / de bronce líquido?» y siga el protagonista del poema capturado por la pasión de vida: «Vivo, vivo estoy / como un águila, dioses». Pero este nuevo Teseo es necesariamente irónico y, en rigor, paródico: no abandonará a Ariadna una vez vencido el Minotauro, sino que —en los últimos versos del poema— pedirá al viento que informe a los suyos de que se ha perdido en Creta. El registro irónico, la broma culta, como en este caso, es una variante más de la conciencia del juego y del pastiche que preside la mayor parte de los poemas[92].

Los ejemplos de esta misma operación suplantadora, que es esencial para entender algunos de los poemas, son numerosos[93]. Lo explicaría el propio Gimferrer en otros poemas. Es un juego de máscaras y de personalidades fingidas, de voces imitadas e identificadas con el deseo y la ambición del poeta: «mis versos / como en el teatro Kabuki o en una obra griega / maquillajes y máscaras / *Per-*

---

[92] Forzando las cosas, el poema aceptaría una lectura en la prestigiosa clave metapoética, a la vista de este pasaje reciente sobre Juan Benet: «El bon enginyer, com el bon escriptor, habita en el laberint. És en funció del laberint que es defineix aquest minotaure dels plànols o Teseu dels mots.» *Dietari,* II, pág. 163.

[93] Compárese el procedimiento, meticulosamente estudiado por Manuel Vilas (1985: 136-138) a propósito de «Farewell», de *Extraña fruta.*

sonae dijo Pound», que deben sumarse a la imagen como factor de ambigüedad y de iluminación: «vivo de imágenes son mi propia sangre / la sangre es mi idioma ciego en la luz del planeta / buceando en la tiniebla con rifle submarino»[94]. Un breve poema como el dedicado a Hölderlin está basado en la adopción de la voz del poeta en sus últimos años de extravío y locura. En el *Dietari,* como en tantas otras ocasiones, se encuentra el esbozo intelectual del poema trasladado a la magnífica prosa catalana de Gimferrer. Ahí visitaremos a Hölderlin en su reclusión física y mental pergeñando versos descriptivos del paisaje que contempla desde la ventana. La pérdida de la memoria que propicia la locura da paso, en el poema gimferreriano, a imágenes alusivas a ese espacio contemplado, pero también apunta a los fundamentos del poema, es decir, el riesgo y la ventura de la poesía como aproximación a un camino sin regreso, como temerario tanteo de los bordes de la conciencia: «en la pau de la follia, va veure l'altra cara del món» [en la paz de la locura vio la otra cara del mundo] (*Dietari,* I, 55). Pero el precio es la disgregación de la conciencia, la desintegración de la memoria. Son Hölderlin y Gimferrer las primeras personas que hablan al silencio del recuerdo: «¿Qué esperaba el silencio? Príncipes de la tarde, ¿qué palacios / holló mi pie, qué nubes o arrecifes, qué estrellado país?» La interrogación quiere ser un itinerario sucinto por el mundo poético de Hölderlin, por el poeta visionario y lúcido que ha sido derrotado, vencido y superado por su propia capacidad para ver más allá y hacer perdurable, poéticamente perdurable y válida, esa contemplación de «la otra cara del mundo». El poema termina, así, con los versos de homenaje al romántico: «Duró más que nosotros aquella rosa muerta. / Qué dulce es al oído el rumor con que giran los planetas del agua.»

Importa retener ahora la vinculación de romanticismo puro y trascendencia y carácter visionario, aptitud para

---

[94] Ambas citas, de «Recuento», en *Extraña fruta.*

revelar los límites de la conciencia y la proximidad de su disgregación (Jiménez, 1972: 372 y García de la Concha, 1972: 61). También es la opción de hacer hablar a la conciencia en registros distintos y simultáneos, para hacer audible ese extremo de tensión de una experiencia poética. Por lo demás, Gimferrer escribía en 1966, en el preámbulo a un comentario general sobre Octavio Paz: «A veces esta función de demiurgo liberador reserva al poeta un sino aparentemente trágico: locura de Hölderlin, renuncia y huida de Rimbaud, extinción de Trakl en un hospital de campaña». Frente a ello, el poeta moderno —Eliot, Perse o Juan Ramón— ha cambiado su actitud: escribir no «responde como en los románticos a una apasionada entrega y apertura al mundo exterior, a "lo otro", un deseo de fusionarse y romper la cárcel de la individualidad»[95]. Lo cual no es más que el modo de apuntar la conciliación intencionada en Gimferrer de esas dos fascinaciones, la más radical e intuitiva de origen romántico con la técnica aprendida en los últimos citados.

El ejemplo más clásico de la identificación del poeta con otros escritores es, sin embargo, «Cascabeles» porque ha buscado la dislocación sintáctica —poco frecuente en *Arde el mar,* contra la opinión común (García de la Concha, 1972)— para enfatizar su solidaridad con un protagonista de la *belle époque,* y un mundo vencido y ajado: «Yo, de vivir, Hoyos y Vinent, vivo, / tanto daríamos, creedme, / para que nada se alterase, para / que el antiguo gran mundo prosiguiese su baile de galante harmonía». El poema puede fingir una exaltada identificación con ese novelista y una atmósfera exótica y suntuosa, aunque veladamente amenazada por su propia decrepitud, y por la historia («Algo nacía, bronco, incivil, díscoo, / más allá de los espejos nacarados»). Pero a Hoyos y Vinent lo hemos visto tratado en ese tiempo por Gimferrer de patética caricatura, lo cual ha de poner en primer plano, una vez más, la dimensión lúdica e íntimamente

---

[95] P. G., «Testimonio de Octavio Paz», *Insula,* 239 (oct.-1966), pág. 3.

irresponsable del poeta: ésa es la prerrogativa de quien usa un idioma con el que experimenta y cuya principal vocación es fingirse otro, el protagonista del poema. Sobre todo, cuando un joven como el Gimferrer de 1962 y en una Barcelona «destartalada, amplia y polvorienta», sabe lo que hay que hacer, ese año, precisamente, de 1962: «buscar lo obsoleto por esencia, lo por nadie frecuentado, lo que, en aquellos años, anda esparcido a voleo, furtivamente, nunca nombrado». Hoyos y Vinent aparecía así con la fascinación de lo raro y secreto —de *Los raros* procede el texto anterior—, como uno de los «modernistas rezagados, extremosos y anacrónicos (...), oscilando entre el paroxismo posnaturalista, el serrín sórdido de la vida frívola y el decadentismo exasperado y visionario» (*Los raros,* 93-94). Y no por casualidad el poema de Gimferrer, como ha mostrado con detalle Guillermo Carnero (1992), está urdido sobre la base de un relato del novelista, fechado en Montreux, «Los ojos de Lady Rebeca», aludida en el poema, e incluido en el conjunto del que procede el título del poema, *Los cascabeles de Madame Locura*[96].

La identificación con D'Annunzio opera de modo semejante, con la particularidad de que la amenaza velada sobre un mundo desportillado se ha cumplido de manera fatal en el autor de *Il fuoco*. Las magnolias premonitoriamente ajadas o la impregnación en el aire del olor «a penitenciales ceras, a mea culpa» de «Cascabeles» se transforman, en «Sombras en el Vittoriale», en una acusación del poeta vertida en los términos de alguna de las más sobrecogedoras imágenes de este poemario: nada importa al poeta «el búfalo demagógico / que hoy hoza en la memo-

<hr>

[96] Señalo la coincidencia del título de Hoyos y Vinent con un pasaje de *Los Cantos de Maldoror,* relativo a un aspecto también esencial en Gimferrer: «Mes raisonnements se choqueront quelquefois contre *les grelots de la folie* et l'apparence sérieuse de ce qui n'est en somme que grotesque.» Isidore Ducasse, Comte de Lautréamont, *Les Chants de Maldoror,* Éd. établi par Hubert Juin, Paris, Gallimard, pág. 157, Chant IV. Me indica Joaquín Marco que Hoyos y Vinent podía estar evocando la iconografía medieval de la locura.

ria de un ayer y su poeta». Es un movimiento de reivindicación de D'Annunzio, con la conciencia clara y beligerante de una filiación mussoliniana, contestada por el régimen italiano con la reclusión del poeta en su residencia, junto al lago Garda, «Il Vittoriale». De ahí ese «cesarismo estéril y corrupto / en que había de morir el más noble de sus sueños». Lo que importa de él es la fascinación de su obra y el «don de decir con verdad la belleza». Y de nuevo, el lector curioso puede acudir a los múltiples testimonios de Gimferrer sobre su gusto por D'Annunzio. Páginas atrás he traído textos de aquellos años, pero muchas de las escenas de *Fortuny* confirman que esa novela es un intento de recreación de las mismas fuentes y gustos de entonces.

En algunas ocasiones, la indagación autobiográfica adquiere un protagonismo rotundo, cuando se opta por el reencuentro poético con una experiencia vivida, o adelantar parte de los supuestos del libro, como en el primer poema, «Mazurca en este día». El poema resume en sí buena parte de la experimentación de *Arde el mar* con la asociación automática, la simultaneidad de tiempos históricos, las secuencias de imágenes intensamente visuales o las citas literarias implícitas. A la evocación histórica del romancero — inspirada en el Canto III de Ezra Pound— le sigue una secuencia fidedignamente descriptiva del entorno histórico real del poeta, el claustro de Letras de la Universidad de Barcelona. Pero ambas secuencias terminan bruscamente con una pregunta que puede remitir a ese espacio intermedio entre la cotidianeidad y la historia y la literatura, situando al protagonista en una ilusoria posición intermedia entre su biografía, sus lecturas y la historia remota de un país: «Dios, ¿qué fue de mi vida?» Se resuelve el poema en tres versos que anuncian la metamorfosis de las cosas y el paso del tiempo —«Cambia el color del agua»—, que traen las aves llegadas de Persia como transición hacia el último verso: «Kublai Khan ha muerto», notificación absurda en ese contexto, y que Gimferrer razona como un juego con tres referentes cultos: el poema de Coleridge, «Kubla Kahn», (y por tanto, la explicación que da al poema el propio Coleridge, tras dormirse a media lectura del *Peregrinaje* de Purchas)[97]; *Ciudadano Kane,* porque Xanadú fue obra de Kublai Kahn, como dice el primer verso del poema y, por último, una cita de Plutarco, «el gran Pan ha muerto», leída en una fuente secundaria, aunque procede del *De defectione oraculorum.*

«Invocación en Ginebra» es una vez más un esfuerzo de memoria y de construcción fragmentaria de una experiencia personal. La evocación del calvinista Agrippa d'Aubigné, refugiado en la misma Ginebra de Calvino y de Miguel Servet, visitada por el autor en 1963, conduce a la memoria de la propia formación espiritual y a la obsesiva memez de una cultura represiva[98]. El poeta remueve «en la espuma su cadáver de niño» para ver en él el rito vivido de la confesión y asociar a todo ello alguno de los emblemas simbólicos de la intolerancia del nacionalcatolicismo de la España franquista: la *Historia de los heterodoxos* de Menéndez Pelayo. Calvinismo y *Les Tragiques* de Agrippa d'Aubigné —lo había advertido Mainer, 1966—, obligan en Ginebra a una petición retórica de indulgencia y piedad por la complicidad inevitable, por la propia formación. Pero no tiene sólo una explicación moral la alusión sino también propiamente literaria: la agresiva beligerancia del poema, comparable a la de «Sombras en el Vittoriale», parece un contagio consciente de *Les Tragiques* y el revestimiento de coturno del «romance de ciego, ensangrentado y lúgubre, de las guerras de religión» (*Los raros,* 115). De ser, en efecto, un mimetismo de Gimferrer, es claro indicador de su proceder poético: el empeño de D'Aubigné es el del joven poeta barcelonés en su particular exorcismo del espíritu de cru-

---

[97] Cfr. *Samuel Taylor Coleridge,* Oxford University Press, 1985, página 102.

[98] Cfr. P. G., «Visiones desde Ginebra», *El País. Libros,* 3 de marzo de 1985. La visita es evocada también en *Los raros,* a propósito del autor de *Les Tragiques,* y citando la misma terraza del poema: «habita en este mundo y su nombre se lee en una terraza que bate y acuchilla un sol frío...», pág. 114.

zada. El lector de *Arde el mar* sabe, sin embargo, que aquella petición de piedad final es un recurso más del poeta ¿neorromántico? que busca la complicidad y recrea la indefensión como arma de una ostentosa *captatio benevolentiae* (trasladada al final y doblada de reconciliación arrepentida): «Agrippa d'Aubigné, séme benigno, que tu Dios acepte / la derramada rosa de mi sangre mortal.»

Otro de los poemas más insistentemente introspectivos y articulados sobre la verificación del paso del tiempo personal es la «Oda a Venecia ante el mar de los teatros». De ahí que el poema sea una exploración por la película impresionada en la intimidad por la visita a una ciudad, evocada cinco años después[99]. Y si arriba ponía entre signos de interrogación ese rótulo de neorromántico, quizá aquí haya que eliminarlos si por él aceptamos la explotación intensa de un repertorio de imágenes y registros verbales marcados por la temperatura sentimental del deseo y la consternada melancolía de la pérdida. Y si en los poemas de esta época gimferreriana conviene estar vigilante al guiño irónico y desdramatizador, en éste con mayor motivo porque la conciencia de usar un repertorio establecido de clichés verbales y expresiones románticas es muy clara —con citas irónicas evidentes, como el balcón lacrimógeno y la bruma nórdica— pero también porque el último verso del poema desmiente la realidad del poema, con lo que se crea el último y definitivo peldaño del distanciamiento[100]. Pero qué hay más romántico que la ironía homónima, basada justamente en esa aptitud para mirar desde el desengaño y la piedad la intensidad de una emoción: «Es doloroso y dulce / haber dejado atrás la Ve-

---

[99] Con razón ha hablado Vilas (1986; 284), a propósito de este poema y en relación con el libro, de un «ejercicio para cobrar la identidad, identidad de un "yo" escurridizo, que se evade en transfiguraciones, evocaciones, preguntas» y véase García de la Concha (1972: 46-47) y la página de Antonio Carreño (1972: 46-47) y la página de Antonio Carreño, *La dialéctica de la identidad en la poesía contemporánea*, Madrid, Gredos, 1982, pág. 44.

[100] Aunque no diría que ello equivalga a una «visión pesimista» y a la imposibilidad de «salvarse en el arte», como propone Debicki (1989: 43).

necia en que todos / para nuestro castigo fuimos adolescentes.» El poema es también un juego, pero organizado sobre el tema del reencuentro con la memoria de uno mismo y la intensidad de una emoción adolescente: «Noche, noche en Venecia / va para cinco años, ¿cómo tan lejos? Soy / el que fui entonces, sé tensarme y ser herido / por la pura belleza como entonces, violín / que parte en dos el aire de una noche de estío / cuando el mundo no puede soportar su ansiedad / de ser bello.»

Previsiblemente, una adolescencia como la relatada en la memoria de Venecia, podría hacer operativo el recelo implícito y el sentido de exclusión del mundo vividos por un joven que hasta sus veinte años redujo su ámbito de acción a la literatura y las pantallas de cine, como explicaba la conocida Poética de *Nueve novísimos* (Castellet, 1970: 155). De eso está hablando un excelente y desconcertante poema, no muy atendido por la crítica. «Cuchillos en abril» declara una diferencia asumida y es también —fuera del sofisticado registro elegíaco de otros poemas, y con muy pocos rastros de aquella ironía consciente del uso de elementos literarios para designar estados anímicos privados— una afirmación de plenitud sobre la base del desprecio por lo ineducado, informe e instintivo: el esfuerzo de la soledad, de la diferencia, merece ser hecho. Y la plenitud que se deriva de esa opción («Valía la pena ser feliz», dice su último verso) se opone en el poema a las imágenes de fragilidad y vulnerabilidad. Frente al arpa rota del instinto, frente al clavel helado entre los dientes, hay una verdad de luz («Llamea un sauce en el silencio»), que es la única imagen positiva de un poema con título que anticipaba la violencia de su intención y verso inicial taxativo, «Odio a los adolescentes».

Claro está que ese frontal rechazo de la vulnerabilidad y la indefensión trasluce una inquietud íntima generada por esos mismos sentimientos. El poema es la respuesta defensiva y combativa en favor del acierto de una opción minoritaria y marginal. Quizá es ése el registro sentimental más veraz y exacto, más inequívocamente autobiográfico del libro, porque delata involuntariamente la voz del joven necesitado de protección: esa piedad solicitada repetidamente, el patetismo de calcos y clichés conscientes y desdramatizadores, no deja de responder a la experiencia real del miedo a una realidad histórica muy alejada de la experimentada en el refugio del arte, en su aspiración redentora de la aspereza de la realidad, como se lee en «Band of Angels». La afirmación del poeta, de 1975, en una carta a Ángel Sopeña, parece bastante reveladora: «el muchacho que escribía aquellos versos era muy desgraciado» (1986-87, 29). Al margen del recelo cautelar que conlleva toda indicación de autor[101], no es ése mal indicio para confirmar una tristeza de fondo, el latido melancólico que nace del hallazgo de una verdad insuficientemente compartida o solitaria por definición: ese retal de nostalgia que asoma tan a menudo detrás del brillo del artificio y de la alquimia de la ficción tiene mucho de máscara no *de* sino *para* un mundo algo menos subyugador que el del arte.

Si es válida la lectura de este poema como orgulloso desdén de la adolescencia y su insípida indecisión, otro de los poemas, «Julio de 1965», visiblemente próximo a Guillén, como la crítica ha anotado, concierne de modo directo al poeta en la medida en que sirve para prometer, a sus veinte años, una participación más activa en el mundo. Es el deseo de una apertura desde las recluidas esferas del arte y la literatura —«¿arquitectura o sueño?»— hacia la verdad de lo vivo, no fingido o creado, verdadero: «Seré. Resida en mí / la verdad de lo vivo». La reiteración sintomática del verso «estoy vivo en la noche» (y la noche como paisaje de plenitud del romántico) se combina así con la ascensión hacia una verdad que colma la invitación de las cosas: «cómo me ata / la cúpula celeste, / el volumen de un árbol, / el mar que al fuego tiende, / el relámpago vivo (...) Ved abierta a lo vivo / la colina, en relieve / sobre el campo nocturno / su cargazón terrestre. / Cólmame. Puja un grito / o una llama, algo asciende.»

---

[101] Y lo digo sin olvidar la enérgica defensa gimferreriana del creador como mejor comentarista de su propia obra, *Antoni Tàpies,* págs. 8-9.

No todos los poemas del libro tienen la misma ambición poética. La misma colocación de «Pequeño y triste petirrojo» y «Puente de Londres» permite entrever lo que tienen de juego culto, de divertimento de transición entre poemas de mayor calado: en el primero el homenaje a Oscar Wilde consiste en la visualización de una imagen que resume a Wilde (como declaraba arriba a propósito de Chagall, por ejemplo), basada en la fascinación del escritor por el mundo clásico y su transfiguración en estatua —que termina, sin embargo, con versos sin hilación real con lo anterior[102]. Y tampoco hay un vínculo explicable racionalmente entre ese personaje inventado, Isabel, y la biografía de Wilde o de Gimferrer. Son versos que fingen una historia de amor para crear la expectativa para un verso memorable —«hay orden de llorar sobre el bramido estéril de los acantilados»—, en contraste con el violín, las camelias o el surrealista y cándido pijama rosa: modo poético, por imágenes, de apelar a la doble dimensión trágica y lírica de un escritor. En el segundo, la cita de *Rayuela* da pie para una escena veloz e irracional, próxima a los juegos de magia, de *clowns* y transformistas, con alguna referencia concreta que lleva al mundo de Charlot, al absurdo humorístico: la localización londinense del poema, en su título, lleva también a Eliot y *The waste land,* lo que confirma el último y excelente verso en alusión al Támesis. La evocación visual del ilusionismo se describe por imágenes de inspiración surrealista clara, pero no estará de más ver en alguno de esos versos, sobre todo «El cielo estaba afónico como un búho de níquel», algún eco palpable de la greguería de Gómez de la Serna, leído y celebrado por Gimferrer en estos años en términos reveladoramente próximos a un recurso usual de su poesía: el jardín, la infancia, el cadáver del niño que entonces se fue. A propósito de la película de Chujrai, *El cuarenta y uno,* habla de «esta conmovedora sucesión de

---

[102] Según Gimferrer, «No salgáis al jardín: llueve, y las patas / de los leones arañan la tela metálica del zoo» es una cita de *Ciudadano Kane,* de Orson Welles.

cromos exótico-etnográficos a lo *Razas humanas,* como venidos del último jardín en que jugamos de niños y en cuyo estanque duerme para Gómez de la Serna nuestro cadáver y el de esa institutriz que todos tuvimos aunque no la hayamos tenido»[103].

Decía en páginas anteriores que la autorreflexividad del poema —el poema sobre el poema o sobre la poesía[104]— irá dominando de manera perceptible la evolución del poeta, pero que era ya visible en *Arde el mar* y, desde luego, lo es en los poemas de *Extraña fruta* (Vilas, 1985, Sopeña, 1986-87). Un poema como «Band of angels» difícilmente podrá ser leído de otro modo a como lo hizo José Olivio Jiménez (1972 y Lanz, 1990: 34 y ss.), atento como estuvo a la proximidad de los versos iniciales del poema *Piedra de sol* de Octavio Paz, autor que citaba Gimferrer en el pórtico de *Arde el mar,* junto a Alberti[105].

«Band of angels»[106] narra una historia de amor y la

---

103 P. G., «*El cuarenta y uno,* de Chujrai», *Film Ideal,* 169 (1-junio, 1965), pág. 382.

104 La *metapoesía* se ha estudiado con frecuencia en la poesía de Gimferrer, y como ingrediente de caracterización de la poesía postmoderna (Debicki, 1989), aunque Margaret H. Persin, *Recent Spanish Poetry and the Role of the Reader,* Londres y Toronto, Associated University Press, 1987, pág. 22, juzga ese registro como típicamente del 50, mientras que J. O. Jiménez (1992: 35), lo extiende a las tres últimas generaciones, frente a Sánchez Torre (1993), por ejemplo. En el origen, para Gimferrer, está otra vez J. O. Jiménez (1972: 369) y, entre otros, Debicki (1989a y b), Ignacio-Javier López (1989), Jaime Siles (1989), Lanz (1990) y Sánchez Torre, 1993.

105 Gimferrer conocía *Salamandra* y *Libertad bajo palabra* desde enero de 1965 (*Lecturas de O. P.,* 9-10 y Barnatán, 1990).

106 Aunque no parece tener una relación directa el título del poema con la novela de Robert Penn Warren, *Band of angels* (1955), Kay Prittchet ha anotado algún paralelismo con otros poemas de *Arde el mar* (1991: 14-15). Gimferrer por entonces no leía inglés, pero sí leyó la traducción argentina de la novela, *Coro de ángeles.* En todo caso, la referencia sin duda más próxima era la película, rodada por Raoul Walsh, con guión del propio Walsh y R. P. Warren, protagonizada por Yvonne de Carlo, Clark Gable y un joven Sidney Poitier. Por otra parte, Gimferrer aseguró a González Muela (1970: 273) que los títulos de los poemas a menudo no tenían relación con el texto.

conmoción ansiosa ante la llegada de la amada, la belleza. Pero el protagonismo aparente del poema procede de lo que la retórica clásica llamaba prosopopeya, esto es, la personificación de la belleza poética como mujer. En este caso, la historia amorosa articula el poema y hace de la belleza el recurso de supervivencia del hombre. El poema es la exaltada declaración del amante ansioso por acceder a una meta soñada: la escritura de la mejor poesía. El poeta espera ver llegar y permanecer a esa belleza, según la lógica misma del fascinado por la alquimia del lenguaje y la revelación metafísica de una cierta poesía: «No debiera importar que no te tenga / de este modo en las horas que tú vives / lejos de mí, fiel a tu vida propia, / para luego en la luz de amor transida / de mis ojos reconocerte en mí / y latir al unísono los pulsos, / astros, flores y frutos del amor». Hacia el final del poema se justifica la nueva fe del poeta, la confirmación de la verdad segura a través del propio poema, como confidencia rigurosa: «esta tarde (...) / existe sólo porque existes tú.»

La intuición original, lo decíamos arriba, de la poesía de Gimferrer invoca la posibilidad de ver la otra cara de la realidad, y verla por el único medio posible, el de la escritura o la lectura activa del poema: «hay algo que sólo en la poesía encontraremos: la reproducción de un instante de revelación esencial, un vislumbre de luz que airea lo opaco cotidiano. Acostumbrarse a reproducir este instante —en la lectura, en la escritura— es, propiamente, el aprendizaje único del poeta»[107]. Estos poemas justifican así plenamente su imaginería surrealista y su retórica romántica por cuanto tienen de canto a lo que hace visionario y trascedente al poeta. Pero Gimferrer lo hace consciente de usar esos recursos literarios, y de estar postulando una metafísica de literatura, una metafísica que dignifica y solemniza sólo la pasión por la poesía. Esa misma conciencia de artificio literario, de uso retórico,

[107] P. G., «Poesía en invierno», *El País. Libros* (30-enero, 1986), pág. 11. Y, con atención especial a la técnica del *collage,* cfr. Rogers, 1984.

mitiga lo que pueda haber de convicción trascendente y subraya la imitación de una voz —la del visionario— que se desea adoptar como propia: es el testimonio directo e irrefutable de un modelo de escritor y un horizonte literario que explicaba así Ana María Moix a Rosa Chacel, a propósito del prestigio público de Gimferrer en 1967, tras el Premio Nacional: «eso es poco (no lo dice, pero se nota), porque ve un horizonte en el que están Hölderlin, Eliot y otros»[108]. No otra cosa que la voluntad de ser poeta enuncian los versos finales de «Band of angels»: «Ven hasta mí, belleza silenciosa, / (...) / ven hasta mí y tus labios y tus ojos / y tus manos me salven de morir.»

Uno de los poemas más complejos de *Arde el mar* es también uno de los que explora más intensamente las posibilidades autorreflexivas del poema, «Primera visión de marzo». No puede leerse más que como poema con su propia glosa, esto es, como la escritura de un recuerdo, que es el objeto histórico del poema, con el típico balance sobre el tiempo transcurrido entre ayer y hoy, más la conciencia del escritor que explica y anota el acto mismo de escribir ese recuerdo haciéndolo poema. La alternancia es sistemática y basada en la yuxtaposición de planos temporales distintos y la polifonía de voces de la conciencia diferenciadas por la distinta materia de sus discursos: el de la memoria evocadora o descriptiva (con sus imágenes encadenadas) y el de la escritura sobre sí misma.

No obstante, la lectura del poema adquiere una perspectiva matizadamente distinta bajo la percepción del intento de reelaborar poéticamente una experiencia leída en Proust. Hay una cita implícita de *À la recherche du temps perdu* en los versos: «No hay pantalla o visera, no hay trasluz: / ni éstas son sombras de linterna mágica». De este hilo puede partirse para regresar a aquel texto ya citado

---

[108] *Cartas a Rosa Chacel,* ed. de Ana Rodríguez-Fischer, Madrid, Cátedra/Versal, 1992, pág. 210, carta de Ana María Moix, fechada el 17 de marzo de 1967. Y debe verse el relato de su primer encuentro con Gimferrer en el libro *Infame turba* (Campbell, 1971, 1994, págs. 30-35).

de 1964 en que Gimferrer asocia a Proust con las imágenes que le evocaba en la infancia el nombre de Guermantes y, en *Los raros,* reaparece la «linterna mágica» de que habla Proust muy al principio de *Por el camino de Swann*: «esta región privilegiada y sobrecogedora, en la que, como en el dormitorio de la infancia de Proust, una linterna mágica invisible alumbra mundos de terror y maravilla» (pág. 40). Y se citó ya también la descripción de aquellas proyecciones de la conciencia mientras leía. Pero en la cita de 1964 hablaba de otras páginas, las que abren *El mundo de Guermantes,* y en las que se reflexiona y describe el mecanismo del recuerdo y la evocación que está funcionando en este poema: «cuando, ensoñando, reflexionamos, tratamos, para volver sobre el pasado, de moderar, de suspender el movimiento perpetuo en que somos arrastrados, poco a poco volvemos a ver que aparecen de nuevo, yuxtapuestos, pero enteramente distintos unos de otros, los matices que en el curso de nuestra existencia nos presentó sucesivamente un mismo nombre»[109]. El procedimiento con que explica, por imágenes, ese mecanismo, resulta el mismo de esta «Primera visión», con la elipsis como recurso poético esencial en tanto que elimina los nexos lógicos que asocian imágenes y discurso. Y algunas de ellas, tan proustianas (y tan eliotianas) como el jardín y las sombras de uno mismo, el llamear de un cristal o el recorrido de un pasillo, se explican complementariamente.

El recuerdo del poema es verídico y parte de una fugaz visita al Colegio de San Gregorio, en Valladolid, su claustro y su museo de escultura: «cal surca el rostro del guerrero, roen / urracas o armadillos el encaje en los claustros. / Yo estuve una mañana, casi hurtada / al presuroso viaje: tamizaban la luz / sus calados de piedra, y las esta-

---

[109] Marcel Proust, *El mundo de Guermantes,* Madrid, Alianza Ed., 1978, pág. 13, pero también antes: «así es como la atmósfera en que la señora de Guermantes existía en mí, después de no haber sido más que el reflejo de un cristal de linterna mágica y de un vitral de iglesia, empezaba a apagar sus colores cuando sueños...», pág. 11.

tuas...». Pero además en el poema funciona un ejercicio de confrontación entre una imagen falsa o no real (la del recuerdo), que en esa primera sección se conjuga con la reflexión sobre el propio poema: «hacia otro, hacia otra / vida, desde mi vida, en el común / artificio o rutina con que se hace un poema...». Y, merece la pena subrayarlo, tampoco este poema perderá el registro de la pulsión de la propia biografía, en el mismo tono y con el mismo sentido que aquellos que vimos más arriba, como en «Oda a Venecia»: «Interiormente llamo o ilumino / esferas del pasado y me sé tan distinto / como se puede ser siendo uno mismo y pienso / en el mejor final para este raro poema / empezado al azar una tarde de marzo.»

El proceso de la creación del poema, la designación de su tema, el recurso imaginario (la iluminación del recuerdo), son todos ellos los rasgos que suelen caracterizar los esbozos metapoéticos y cuyo comentario más detallado ofrece la segunda parte del poema, con una intromisión en la infancia del poeta, pero también en la operación interior del poema al modo de Eliot: «así el jardín es otra / imagen o rodeo (...); o más bien la pausa entre relámpago y relámpago, / cuando en la oscuridad todo es espera / y de pronto llegó (¿pero era esto?)».

El juego se repite en la sección tercera en la medida que confronta dos estados de conciencia distintos de nuevo: el que recuerda la plaza de San Pedro visitada en 1961 y el que la ve con ojos ajenos. Esos ojos no son ya los del recuerdo hecho poema, los de la escritura, como en la primera sección, sino los de la cámara de Otto Preminger filmando la Plaza de San Pedro en Roma, en *El Cardenal*: «Veo, / con otros ojos, no los míos, esta plaza / soñada en otros tiempos, hoy vivida.» Y repasar ahora la reseña que entonces hizo de *El cardenal* explica este uso de la imagen. Sus movimientos de cámara son «a la vez funcionales y exaltadamente poéticos: se someten a los procesos fenomenológicos de un universo y someten este universo al insostenible rigor de la mirada del artista». ¿No hay en esos términos una posible definición de los procedimientos de Gimferrer, incluso en este mismo poema y sección III? Es la misma inyección de luz que aprecia en Preminger: sus «aproximaciones o escorzos a los umbrales mágicos de una realidad redescubierta. Abandonadas a su propia hoguera —glacial y llameante, como decía Losey de toda obra de arte—, las apariencias se conjuran y nos remiten a una armonía, con la serena solemnidad de un ritual litúrgico». Lo que evoca los versos que niegan el «rito o mística / revelación; sabiendo, y aceptando, que nada iba a hallar sino en mí mismo». Pero la «revelación» a que da acceso Preminger surge en cada secuencia, donde hay «una nueva fase, la puesta en escena de otro mundo, tragaluz a un nuevo sector de la realidad». ¿Y no era esta la función de la poesía, en su pugna por un conocimiento distinto de la conciencia, por una iluminación, una apariencia? La propia estructura sintáctica de la frase parafrasea el itinerario de un posible poema gimferreriano, sus rupturas discursivas y su reanudación del relato en imágenes: «reconstrucción, elemento a elemento, latido a latido, de un mundo abierto, disperso y extendido en una teoría de seres, objetos y rumores de vida en constante transfiguración, operando a cada instante ante nuestros ojos la metamorfosis de sí mismos a sí mismos en la duración»[110].

El poema se cierra con una cuarta sección más críptica, en la que se encadenan imágenes en haces coherentes pero inconexos. El hilo que los une es la eventualidad de la expresión y la fugacidad del instante que trata de fijar el poema: «Así puedo deciros / esto o aquello, aproximarme apenas / a la verdad inaprensible, como / buscando el equilibrio de una nota indecisa / que aún no es y ya pasó, qué pura.»

El poema más deliberadamente surrealista y ambiguo es, sin duda, «El arpa en la cueva». Es también, probablemente, el poema más poderoso e hipnotizante, también más agresivo y menos accesible a una interpretación racional: el lector recordará una atmósfera sobrecargada de

[110] Todas las citas de P. G., «*El Cardenal*, de Otto Preminger», *Film Ideal*, 156 (15-nov., 1964), pág. 766.

elementos dramáticos y naturales en violento choque, estudiadamente fantasmagórica y mecida por ritos y hechicerías. La lectura contrastada de este poema con múltiples pasajes de *Los Cantos de Maldoror,* de Lautréamont, permite extraer un esbozo de deudas no necesariamente originadas en Lautréamont, pero que explican un aire de familia que nunca ha desmentido Gimferrer, sino todo lo contrario:

> si recordem la nostra experiència personal de lector, tots els que en algun moment hem estat sensibles a la descoberta de Lautréamont, tots els qui vam ser fascinats pels *Cants de Maldoror* sentim el que abans van sentir André Breton, Aleixandre o Neruda: que aquella era una lectura essencial; que, fins i tot si després no el tornem a llegir gaire, som, en certa manera, diferents de com seríem sense haver conegut Maldoror[111].

La profundidad del impacto es explicable dada la imaginación perfilada ya de Gimferrer, pero hay todavía algún dato más que puede apuntar, adicionalmente, algo de la fascinación del joven Gimferrer, reservado y concentrado en la esfera del arte, por la biografía trágica de Ducasse y su ansiedad de belleza, su nostalgia de otro mundo. Sin olvidar aquella clave confesional que citamos ya, a propósito de la tristeza final del autor de los poemas, Gimferrer describe la soledad introspectiva y pálida de Lautréamont y reflexiona: «Un noi callat, sense encant físic, tancant-se en ell mateix i aferrant-se al record —el somnieg?— d'un món anterior, més pur. Hi ha poetes que canten la conciliació entre l'ànima i l'essència del món. D'altres —Lautréamont n'és un dels més alts i do-

---

[111] [si recordamos nuestra propia experiencia personal de lectores, todos los que en algún momento han sido sensibles al descubrimiento de Lautréamont, todos los que han sido fascinados por los *Cantos de Maldoror,* sentimos lo que antes sintieron André Breton, Aleixandre o Neruda: que ésa era una lectura esencial; que aunque luego no volvamos a leerlo mucho, somos, en cierto modo, diferentes a como seríamos sin haber conocido a Maldoror] *Dietari,* I, 84.

lorosos— troben que els pertoca de cantar l'enyor d'aquesta harmonia. Diuen, amb els mots de l'infern, la nostàlgia del paradís»[112].

Aparte de los pasajes más directamente evocados por Gimferrer —quizá el principio del Canto II o la alucinada secuencia de la octava parte del Canto I—, una revisión comparativa descubre una considerable porción de elementos comunes: desde las comparaciones ilógicas y rigurosamente irracionales, hasta ingredientes más externos, pero muy presentes en la ejecutoria de Gimferrer, como la reflexión y el comentario sobre la escritura del propio poema, la interpelación a la propia conciencia o la invocación al lector, la interrogación de signo ético o metafísico como brusca irrupción en el discurso, las alusiones autobiográficas instaladas en el centro de secuencias descriptivas o narrativas, o incluso la poderosa presencia de esos bestiarios agresivos y disparatados, como base muchas veces para el transformismo y la metamorfosis de animales y cosas.

Es el último poema del libro y si conspiraban elementos finalistas en la propia fecha de redacción, el último día de 1965, se acentúa ese efecto al desenmascarar la atracción por la imaginación fantástica y oscura, la fascinación por la irrealidad grotesca y las asociaciones del inconsciente. Pero algo más, porque el final del poema es también la afirmación de una soledad nutrida de sensaciones físicas y visuales. Un espectáculo representado entre el silencio inicial del cuco y la recuperación de su canto al final, la proximidad de los nubarrones, la descarga violenta de la tormenta y la recuperación de la paz, el espejismo dramático del incendio reflejado en los ventana-

---

112 [Un muchacho callado, sin encanto físico, cerrándose en sí mismo y aferrándose al recuerdo —¿ensueño?— de un mundo anterior, más puro. Hay poetas que cantan la conciliación entre el alma y la esencia del mundo. Otros —Lautréamont es uno de los más altos y dolorosos— encuentran que lo que les corresponde es cantar la añoranza de esta armonía. Dicen, con las palabras del infierno, la nostalgia del paraíso] *Dietari,* I, 85.

les y el crepúsculo enrojecido y ritual conducen a una confesión última, y tan fingida, tan cinematográficamente representada como los retales de la historia de amor que han pautado el poema. La última imagen puede ser la metáfora de la imposible defensa frente al mundo, la lucha absurda por permanecer al margen de los ingredientes más instintivos y profundos del hombre, representados por la polaridad de fenómenos que ha vertebrado el poema, sobre la base de la imagen titular del libro: el incendio y la lluvia, el agua y el fuego, esa «estética de lo ígneo» de que ha hablado Vilas (1986: 296). El final de este poema parece apelar a esa ilusoria autodefensa del hombre cuando intenta «seguir dormido bajo el alero», «guarecido de la vida» porque los duendes se colarán igualmente por la chimenea, haciendo inútil su esfuerzo autoprotector.

Es una mera conjetura pero coherente con el libro y la insistente demanda de auxilio y piedad, y aun la confesión de una voluntad de aproximación a la realidad vivida (no a su recreación poética y dramática, como espectáculo visual). No obstante, y como casi todo en *Arde el mar,* el autor es un poeta nutrido de literatura y fascinado por una determinada imaginería nocturna y oscura, y consciente del uso del *pastiche.* Una vez más, la ironía como recurso desdramatizador, como precaución del lector ante el sentido e intención aparente (indagación metafísica) y la conciencia de escritor manipulando materiales literarios (efecto irónico). Ficción retórica, imagen y espectáculo hipnótico son los ingredientes de un poema sin propósito confesado y concebido como estímulo de los sentidos. El poema no es otra cosa que una barroca y trepidante provocación de emociones, guiada por la intuición plástica y visual de un poeta que explota los automatismos de su propia imaginación.

Pere Gimferrer en el discurso de ingreso en la Real Academia.

Esta edición

El texto que sigo es el de la primera edición en la colección El Bardo, número 17 (Amelia Romero Ed., Barcelona), que apareció en febrero de 1966. Las reediciones posteriores del libro no introdujeron variantes, salvo dos nuevos destinatarios de poemas, que indico en su lugar. De ahí que señale, en los casos más llamativos, los errores que leen nuevas reediciones. He limitado la anotación a los términos o alusiones explícitas que podían dificultar la comprensión de algún pasaje o del propósito del poema como tal. Las notas procuran rehuir el enciclopedismo pero aspiran a justificar la alusión a un autor o a una obra en el contexto preciso del poema. La notación léxica es también sucinta dada la proximidad histórica del texto. No se me oculta que podía haber sido más abundante, pero me resisto a ahogar textos tan frescos como quizá no ha vuelto a escribirlos Gimferrer con una farragosa anotación que corría el riesgo de ser, además, prescindible.

En la Bibliografía registro los trabajos sobre su poesía en español y, en particular, *Arde el mar,* y sólo cuando me parecen útiles a este propósito, también los dedicados a su obra en catalán o de índole general. Una Bibliografía más completa se encontrará en el monográfico de *Anthropos,* 140 (enero, 1993), aunque corrijo los errores que se deslizaron ahí.

No quiero terminar esta nota sin agradecer al propio autor, Pere Gimferrer, la amabilidad con la que ha atendido mis distintas consultas. La proximidad de otras personas ha vuelto a ser visiblemente fecunda, desde José Carlos Mainer y Joaquín Marco, ambos tempranos amigos de Gimferrer, hasta Rosa Navarro, con quien se urdió la primera idea de esta edición (hace ya más de cuatro años). Vicente Gracia, camuflado tras la dedicatoria de esta Introducción, tuvo parte importante en todo esto cuando apareció un día con varios ejemplares de *Mensaje del Tetrarca* en las manos, adquiridos a veinte duros en un lugar no sé si providencial pero ya *desafecto* para la ciudad. Lo digo con término de Eliot aunque el hallazgo ocurrió en los populosos Encantes de la Plaza de las Glorias Catalanas. Manel García Sánchez me ayudó con su meticulosidad habitual en aspectos que conoce mejor que yo y mi mujer, Mercè Jódar, no ha expresado, de momento, reparos verdaderamente insalvables.

Bibliografía

1. Obras de Pere Gimferrer (Selección)

Poesía

Mensaje del Tetrarca, Barcelona, Trimer, 1963.
Arde el mar, Barcelona, Amelia Romero ed., El Bardo 17, 1966.
Tres poemas, Málaga, Librería El Guadalhorce, 1967.
La muerte en Beverly Hills, Madrid, Ciencia Nueva, 1968 (El Bardo, 42).
Poemas 1963-1969, Barcelona, Llibres de Sinera, Ocnos, 1969.
Antología de la poesía modernista, Barcelona, Barral Ed., 1969.
Els miralls, Barcelona, Ed. 62, 1970.
Hora foscant, Barcelona, Ed. 62, 1972. Pròleg de Joaquim Molas.
Foc cec, Barcelona, Ed. 62, 1973. Pròleg de Joan Brossa.
L'espai desert, Barcelona, Ed. 62, 1977.
Poesía. 1970-1977 [ed. bilingüe], Madrid, Visor, 1978. Prólogo de J. M. Castellet, traducción de Pere Gimferrer.
Poemas: 1963-1969, Madrid, Visor, 1979.
Mirall, espai, aparicions, Barcelona, Ed. 62, 1981.
Apariciones y otros poemas, Madrid, Visor, 1982.
Aparicions [ed. de bibliófilo], Barcelona, Polígrafa, 1982.
Laúd para el soneto, Málaga, 1987.
Morir sobre un nenúfar, Málaga, 1988.
Poemas 1962-1969, Madrid, Visor, 1988.
El vendaval [ed. bilingüe], Barcelona, Ed. 62, 1989.
Espejo, espacio, apariciones, Madrid, Visor, 1988.
La llum [ed. de bibliófilo], Barcelona, Edicions T, 1990.
La llum, Barcelona, Ed. 62/Península, 1991.
Arde el mar, el vendaval, la luz, Barcelona, Círculo de Lecto res, 1992.

Ensayo

«Notas parciales sobre poesía española de postguerra», en Salvador Clotas y Pere Gimferrer, *30 años de literatura en España,* Barcelona, Kairós, 1971, págs. 89-108.

Antoni Tàpies i l'esperit català, Barcelona, Polígrafa, 1974.

La poesia de J. V. Foix, Barcelona, Ed. 62, 1974.

«Pensamiento literario (1939-1976)», en *La cultura bajo el franquismo,* Barcelona, Ed. de Bolsillo, 1977, págs. 105-118.

Max Ernst o la dissolució de la identitat, Barcelona, Polígrafa, 1977.

Miró, colpir sense nafrar, Barcelona, Polígrafa, 1978.

Radicalidades, Barcelona, Antoni Bosch Ed., 1978.

Mil novecientos nueve-1920. La pérdida del Reino, Barcelona, Difusora Internacional, 1979.

Lecturas de Octavio Paz, Barcelona, Anagrama, 1980.

Dietari. 1979-1980, Barcelona, Edicions 62, 1981.

Segon dietari. 1980-1982, Barcelona, Edicions 62, 1982.

Fortuny (novela), Barcelona, Planeta, 1983.

Cine y literatura, Barcelona, Planeta, 1985.

Los raros, Barcelona, Planeta, 1985.

Perfil de Vicente Aleixandre, Madrid, Real Academia Española, 1985.

Magritte, Barcelona, Polígrafa, 1987.

Giorgio De Chirico, Barcelona, Polígrafa, 1988.

Toulouse-Lautrec, Barcelona, Polígrafa, 1990.

Valències, València, Tres i Quatre, 1994.

2. Selección de estudios sobre y entrevistas con Pere Gimferrer

Alcoverro, Tomás, «La poesía de Pedro Gimferrer», en *Destino,* 1529 (17 de septiembre), 1966a, pág. 28.

— «La poesía como voluntad de orden», en *La Vanguardia Española* (29 de diciembre), 1966b, pág. 60.

Amorós, Amparo, «La retórica del silencio», *Los cuadernos del Norte,* 16 (nov.-dic.), 1982, págs. 18-27.

Ayala García-Duarte, Francisco, «Contestación...», en Pere

Gimferrer, *Perfil de Vicente Aleixandre,* Madrid, Real Academia Española, 1985, págs. 27-32.

BARELLA, Julia, «Pedro Gimferrer: poesía en catalán», *Peña Labra,* 39, 1981, págs. 17-22.

— «La reacción veneciana: poesía española en la década de los setenta», *Estudios Humanísticos,* 5, 1983, págs. 69-76.

— «Un paseo por el amor en Venecia y por *La muerte en Beverly Hills*», *Anthropos,* 140 (enero), 1993, págs. 50-54.

BARNATÁN, Marcos-Ricardo, *«Arde el mar,* de Pedro Gimferrer», en *Poesía española,* 164 (agosto), 1966, págs. 17-18.

— «Vicente Aleixandre y la poesía novísima», *Ínsula,* 374-375 (en.-feb.), 1978, 23 y 31.

— «Cuando los novísimos comenzaban a serlo», en *Barcarola,* 16-17 (nov.), 1984, págs. 69-78.

— «La polémica de Venecia», *Ínsula,* 233 (abril), 1989, pág. 15.

— «Justicia poética [O. Paz Premio Nobel]», *El Mundo* (12-oct.), Suplemento Documento, 1990, pág. 4.

BASSETS, Lluís, «Entrevista a Pere Gimferrer», *El País. Libros* (24 de abril), 1983.

BATLLÓ, José, *Antología de la nueva poesía española,* Barcelona, Lumen, 3.ª ed., 1977, págs. 320-322 y 344-345.

BELTRÁN PEPIÓ, Vicente, «Poética y estadística: nuevos y novísimos poetas españoles», *Revista de literatura,* XLIV, 88 (julio-dic.), 1982, págs. 123-141.

BOU, Enric, «Pere Gimferrer», en Martí de Riquer, Antoni Comas, Joaquim Molas, *Història de la literatura catalana,* vol. XI, Barcelona, Ariel, 1988, págs. 385-394.

— «Un "Novísimo" en la Academia: Imágenes de/en Pedro/ Pere Gimferrer», *Ojáncano,* 2 (marzo), 1989, págs. 29-40.

— «P. G. día a día: del escritor a la escritura», *Anthropos,* 140 (enero), 1993a, págs. 41-44.

— «P. G.: escriptors i escriptura», en *Papers privats. Assaig sobre les formes literàries autobiogràfiques,* Barcelona, Ed. 62, 1993b, págs. 117-124.

BOUSOÑO, Carlos, «Estudio preliminar a Guillermo Carnero», *Ensayo de una teoría de la visión. Poesía 1966-1977,* Madrid, Hiperión, 1983 [1978], págs. 11-68 (o en *Poesía poscontemporánea,* Madrid, Júcar, 1984, págs. 229-301).

CAMPBELL, Federico, «Pere Gimferrer o la ruptura», en *Infame turba* (entrevistas), Barcelona, Lumen, 1971, págs. 72-75. Reed. 1994.

CAPECCHI, Luisa, «El romanticismo expresivo de Pere Gimferrer», *Ínsula,* 38, 434 (enero), 1983, págs. 1-11.

CARNERO, Guillermo, «La etapa catalana en la poesía de Pedro Gimferrer», *Ínsula,* 382 (sept.), 1978, pág. 1.
— «Poesía de postguerra en lengua castellana», *Poesía,* 2 (agosto-sept.), 1978, págs. 77-89.
— «La corte de los poetas. Los últimos veinte años de poesía española en castellano», *Revista de Occidente,* 23 (abril), 1983, págs. 43-59.
— «Culturalism and "New" Poetry. A poem by Pedro Gimferrer: "Cascabeles" from *Arde el mar* (1966)», en Debicki, ed., 1992, págs. 93-107 (= «Culturalismo y poesía "novísima". Un poema de Pedro Gimferrer: "Cascabeles" de *Arde el mar*», *Quaderni di Letterature Iberiche e Iberoamericane* 11-12, 1990, Milán, págs. 19-36).

CASTELLET, Josè M. (ed.), *Nueve Novísimos,* Barcelona, Barral Ed., 1970.
— «La poesia de Pere Gimferrer», *Qüestions de literatura, política i societat,* Barcelona, Ed. 62, 1975, págs. 200-211.
— «Pròleg», *Dietari. 1979-1980,* Barcelona, Edicions 62, 1981, págs. 7-17.
— «Pere Gimferrer», en *Els escenaris de la memòria,* Barcelona, Ed. 62, 1988, págs. 249-262 (trad. en Anagrama).

CHLANDA, Christopher, «La expresión poética de Pere Gimferrer», *Dissertation Abstracts International,* 42, 5 (nov.), 1981, 2127A.

DEBICKI, Andrew P., «Una poesía española de la postmodernidad: los novísimos», *Anales de literatura española contemporánea,* 14, 1989, págs. 33-50 (o *Ínsula,* 505, enero, págs. 15-16).
— (ed.) *Studies in 20th Century Literature. Contemporary Spanish Poetry: 1939-1990,* Vol. 16, n. 1 (invierno), 1992.
— «*Arde el mar* como índice y ejemplo de una nueva época poética», *Anthropos,* 140 (enero), 1993, págs. 46-49.

DÍAZ-PLAJA, Guillermo, «*Arde el mar,* de Pedro Gimferrer», en *La creación literaria en España,* Madrid, Aguilar, 1968, páginas 51-55.

[FERNÁNDEZ] M.[OLINA], A.[ntonio], [Reseña de *Arde el mar*], en

Papeles de Son Armadans, 124 (julio), 1966, págs. 110-112.

GARCÍA DE LA CONCHA, Víctor, «Primera etapa de un novísimo: Pedro Gimferrer, *Arde el mar*», *Papeles de Son Armadans,* 190 (enero), 1972, págs. 45-61.

— «La poesía española actual», *Boletín informativo de la Fundación Juan March,* 131 (nov.), 1983, págs. 3-22.

— «Entrevista a Pere Gimferrer», *Ínsula,* 44, 505 (enero), 1989, págs. 28-27.

[GARCÍA MONTERO, Luis y MARESCA, Mariano], «Las palabras privadas de Pere Gimferrer», *Olvidos de Granada,* 7-8 (mayo-junio), 1985, págs. 6-8.

GOMIS, Lorenzo, «El mascarón en el agua», *La Vanguardia* (6 de junio), 1967.

GONZÁLEZ MUELA, Joaquín, «Pedro Gimferrer, *Arde el mar*», *Homenaje universitario a Dámaso Alonso,* Madrid, Gredos, 1970, págs. 273-279 (= *La nueva poesía española,* Madrid, Alcalá, 1973, págs. 119-127).

GRACIA, Jordi, «Gimferrer en los *Nueve novísimos* o la coherencia de una poética», *Anthropos,* 110-111 (jul.-agosto), 1990, páginas XVII-XX.

— «Primera madurez de una poética: poesía en castellano», *Anthropos,* 140 (enero), 1993a, págs. 32-37.

— «El arte como adicción: lectura de *Arde el mar*», *ibídem,* 1993b, págs. 65-68.

JIMÉNEZ, José Olivio, «Redescubrimiento de la poesía: *Arde el mar* de Pedro Gimferrer», en *Diez años de poesía española. 1960-1970,* Madrid, Ínsula, 1972, págs. 364-374.

— «Variedad y riqueza de una estética brillante», *Ínsula,* 505 (enero), págs. 1-2.

— «Fifty Years of Contemporary Spanish Poetry (1939-1989)», en Debicki, ed., 1992, págs. 15-41.

LANZ RIVERA, Juan José, «Etapas y reflexión metapoética en la poesía castellana de Pere Gimferrer», en *Iberoamericana,* 2/3 (40-41), 1990, págs. 26-51.

LÁZARO CARRETER, Fernando, «De *Arde el mar* a *Exili*», en *Creació i crítica en la literatura catalana,* Barcelona, Publicacions de la UB, 1993, págs. 123-128 (= Prólogo a P. G., *Arde el mar, el vendaval, la luz,* Barcelona, Círculo de Lectores, 1993, páginas 13-21).

LÓPEZ, Ignacio-Javier, «El olvido del habla: una reflexión sobre la escritura de la metapoesía», *Ínsula,* 505 (enero), 1989, págs. 17-18.

LÓPEZ, Julio, «Gimferrer, punto y referencia de una época», *Ínsula,* 39, 446 (enero), 1984, págs. 5-6.

MAINER, José Carlos, [reseña de *Arde el mar*], *Ínsula,* 233 (abril), 1966, pág. 9.

— «Ayer (Libros de 1965-1970)», *Syntaxis,* 30/31 (otoño 1992/invierno, 1993), págs. 103-116, ahora en *De postguerra (1951-1990),* Barcelona, Crítica, 1994, págs. 94-98.

MARCO, Joaquín, «Poesía es imagen o la poética de Pedro Gimferrer», en *Ejercicios literarios,* Barcelona, Táber, 1969, páginas 427-432.

— «*L'espai desert* de P. G.», *Destino,* 7 de julio, 1977, pág. 32.

— «Muerte o resurrección del surrealismo español», en V. García de la Concha, ed., *El surrealismo,* Madrid, Taurus, 1982, págs. 160-175.

MARTÍN PARDO, Enrique, *Nueva poesía española (1970). Antología consultada (1990),* Madrid, Hiperión [1970], 1990.

MARTÍN VILUMARA, [José Batlló], [Reseña de P. G., *La muerte en Beverly Hills*], en *Si la píldora bien supiera no la doraran por defuera,* 3 (julio-septiembre), 1968, págs. 138-141.

— «Notas para un estudio sobre poesía española de posguerra», *Camp de l'arpa,* 86 (abril), 1981, págs. 13-27.

MARTÍNEZ TORRÓN, Diego, «La poesía de Pere Gimferrer (1963-1982)», en *Estudios de literatura española,* Barcelona, Anthropos, 1987, págs. 451-474.

MIRÓ, Emilio, «Crónica de poesía», *Ínsula,* 248-249 (julio-agosto), 1967, pág. 14.

— [Reseña de *La muerte en Beverly Hills*], *Ínsula,* 258 (mayo), 1968, pág. 6.

MOIX, Ana María, «Pere Gimferrer», en *24 x 24 (Entrevistas),* Barcelona, Península, 1972, págs. 207-212.

MOLAS, Joaquim, «Teoria i pràctica en Pere Gimferrer», en *Lectures crítiques,* Barcelona, Ed. 62, 1975, págs. 219-224.

MONEGAL, Antonio, «Imágenes del devenir: proyecciones cinematográficas en la escritura de P. G.», *Anthropos,* 140 (enero), 1993, págs. 57-61.

MORAL, Concepción G. y PEREDA, R. M. (eds.), *Joven poesía española,* Madrid, Cátedra, 1987.

MUNNÉ, Antoni, «Función de la poesía y función de la poética. Entrevista», *El viejo topo,* 26 (nov.), 1978, págs. 40-43.

PAZ, Octavio, «La trama mortal [sobre *Fortuny*]», en *Anthropos,* 140 (enero) [1984], 1993, pág. 62.

PEÑA, P. J. de la, «Hacia la poesía española trascontemporánea», *Cuadernos Hispanoamericanos,* 382 (abril) 1982, páginas 129-144.

PELFORT, Josep, «El cinema al *Dietari.* Aproximació a l'estudi de les relacions cinema-literatura a l'obra de Pere Gimferrer», *Els Marges,* 39 (enero), 1989, págs. 109-119.

PERSIN, Margaret, «Snares: Pere Gimferrer's *Los espejos/ Els miralls*», en Debicki, ed., 1992, págs. 109-126 (= «Doing it with mirrors: Pere Gimferrer's *Los espejos/Els miralls*», *España contemporánea,* T. V, 1 (Primavera 1992), págs. 79-88.

PRAT, Ignacio, «Crontra ti (Notas de un contemporáneo de los *novísimos*)», *Estudios sobre poesía contemporánea,* Madrid, Taurus, 1982a, págs. 206-210 (=*Para ti. 1963/1981,* Valencia, Pre-Textos / Poesía, 1983, págs. 161-166).

— «La página negra», *ibídem,* 1982b, págs. 211-226.

PRITCHETT, Kay (ed.), *Four postmodern poets of Spain. A critical Introduction with translations of the poems,* Fayetteville/Londres, The University of Arkansas Press, 1991.

PROVENCIO, Pedro, *Poéticas españolas contemporáneas. La generación del 70,* Madrid, Hiperión, 1988.

RODRÍGUEZ PADRÓN, Jorge, «Dos libros de Pedro Gimferrer», *Cuadernos Hispanoamericanos,* 247, 1970, págs. 260-268.

ROGERS, Timothy J., «Verbal collage in Pere Gimferrer's "Poemas. 1963-1969"», *Hispania,* LXVII, 2 (mayo), 1984, págs. 207-213.

RUBIO, Fanny y FALCÓ, José Luis, *Poesía española contemporánea (1939-1980),* Madrid, Alhambra, 1982.

SAN AGUSTÍN, Arturo, «Vals con paraguas. Entrevista», *El Periódico. El dominical* (14 de feb.), 1988, págs. 4-7.

SÁNCHEZ ROBAYNA, Andrés, «El espacio del poema», *Ínsula,* 376 (marzo), 1978, pág. 1 [= *Peña Labra,* 62 (1986-1987), páginas 23-24].

SÁNCHEZ TORRE, Leopoldo, *La poesía en el espejo del poema. La práctica metapoética en la poesía española del siglo XX,* Oviedo, Departamento de Filología Española, 1993.

97

SILES, Jaime, «La tradición como ruptura, la ruptura como tradición», *Ínsula*, 505 (enero), 1989, págs. 9-11.

— «Ultimísima poesía española escrita en castellano: rasgos distintivos de un discurso en proceso y ensayo de una posible sistematización», *Iberoromania*, 34, 1991, págs. 8-31.

SOPEÑA, Ángel, «Gimferrer en *Extraña fruta y otros poemas:* la confusión ante los mundos y el intento de resumen», *Peña Labra*, 15, 1974, págs. 28-29.

— «La Generación del 27 y los novísimos. El caso de Pere Gimferrer», *Peña Labra*, 24-25, 1977, p.s.n.

— «Lectura de la poesía castellana de Pere Gimferrer», *Peña Labra*, 62, 1986-87, págs. 29-33.

TALENS, Jenaro, «Reflexiones en torno a la poesía última de Pedro Gimferrer», *Ínsula*, 304 (marzo), 1972, pág. 15.

— «(Desde) la poesía de Antonio Martínez Sarrión», prólogo a *El centro inaccesible. (Poesía 1967-1980)*, Madrid, Hiperión, 1981, págs. 7-37.

— «De poesía y su(b)versión», prólogo a Leopoldo María Panero, *Agujero llamado Nevermore. (Selección poética, 1968-1992)*, Madrid, Cátedra, 1992, págs. 9-51.

TENDERO, Arturo, «Pere Gimferrer se guarda a sí mismo dentro de un verso arcano y mineral [entrevista]», *Barcarola*, 19 (dic.), 1985, págs. 189-196.

TERRY, Arthur, «Pròleg: la poesia de Pere Gimferrer», en Pere Gimferrer, *Mirall, espai, aparicions*, Barcelona, Ed. 62, 1981, 7-92 (Trad. parcial en «La poesía de P. G.», *Anthropos*, 140, enero-1993, págs. 37-40).

VILAS, Manuel, «Pere Gimferrer, *Extraña fruta*. El misterio de una disolución poética», *Cuadernos de investigación filológica*, XI, 1 y 2, 1985, págs. 123-140.

— «Pere Gimferrer, *Arde el mar:* forma y estética», *Annales III* (Barbastro), 1986, págs. 277-299.

— «Pólvora y ojos verdes: Gimferrer en el laberinto», *Peña Labra*, 62, 1986-87, págs. 25-28.

YÁÑEZ, Adriana, y ARRANGOIZ, Pablo, «Gimferrer: lectura del mundo a través de un nuevo lenguaje», *Revista de Bellas Artes*, XXI (México), 1975, págs. 48-55.

Arde el mar[1]

[1] Tanto los versos de Rafael Alberti como los de Octavio Paz citados como lemas pueden estar en el origen del título del libro, y aun otros muchos poemas del propio Alberti, de Jorge Guillén, como en «Las Hogueras»: «El amor arde contento, / arde el viento» (*Cántico,* Barcelona, Seix Barral, 1980, pág. 430) o de Joaquín Marco, con este verso inicial, «Mira cómo arde el aire», de un poema de *Fiesta en la calle* (Barcelona, J. Horta, ed., 1961, pág. 18). El precedente más clásico, e idéntico, pero desconocido entonces por Gimferrer, es el soneto 83 de Góngora, en la edición de Biruté Ciplijauskaité, cuyo verso 12 dice: «Arde el río, arde el mar, humea el mundo» (*Sonetos completos,* Madrid, Castalia, 1969, página 141). El título del libro iba a servir después para uno de los más hermosos poemas de *Extraña fruta*.

A Vicente Aleixandre[2]

---

[2] Aleixandre conocía estos versos y el intercambio epistolar por aquellos años fue considerable, como explica el propio Gimferrer en diversos lugares y, entre ellos, en «Algunas observaciones».

¡Ardiendo está todo el mar![3]

RAFAEL ALBERTI

Hoy en la tarde desde un puente
Vi al sol entrar en las aguas del río
Todo estaba en llamas
Ardían las estatuas las casas los pórticos
Llameaban los cuerpos sin quemarse[4]

OCTAVIO PAZ

---

[3] Prodece de «Mala ráfaga», poema 29 de *Marinero en tierra;* cfr. Rafael Alberti, *Obras completas,* Madrid, Aguilar, 1988, ed. de Luis García Montero, tomo I, pág. 137.

[4] Proceden de «El mismo tiempo», poema de *Días hábiles,* publicado en *Salamandra (1958-1961),* México, Joaquín Mortiz, 1962; cfr. Octavio Paz, *Obra poética (1935-1988),* Barcelona, Seix Barral, 1990, pág. 331.

Mazurca en este día[1]

A Hélène y Gonzalo Suárez

Vellido Dolfos mató al rey
a las puertas de Zamora.
Tres veces la corneja en el camino, y casi
color tierra las uñas sobre la barbacana,
desmochadas, oh légamo, barbas, barbas, Vellido
como un simio de mármol más que un fauno en Cas-
[tilla,
no en Florencia de príncipes, brocado y muslos tibios.
¡Trompetas del poniente!
                    Por un portillo, bárbaro,
huidiza la capa, Urraca arriba, el cuévano
se teñía de rojo entre sus dedos ásperos,
desleíase el cetro bordado en su justillo[2],

---

[1] El poema reproduce la misma oposición de momentos históricos, aunque en sentido inverso, que el Canto III de Ezra Pound. La segunda parte del poema de Pound recrea el principio del poema del Cid, la salida de Burgos y se cierra con la muerte de Inés de Castro: «un muro / desladrillado acá, levantado allá. / Ruina, mera ruina, el color se deslavaza sobre la piedra, / la cal se deslavaza, pintó Mantegna el muro. / Andrajos de seda, *Nec Spe Nec Metu*», (cito por la edición que manejó Gimferrer de *Los cantos pisanos,* versión, prólogo y notas de Jesús Pardo, Madrid, Rialp, Adonais 178-179, 1960, págs. 89-90), versos que tienen un reflejo claro en los 4-5 y 10-11 de Gimferrer. En este caso, la evocación histórica arranca de algo más atrás, y procede del Romancero, en cuyo ciclo de Sancho II y el cerco de Zamora, aparece Vellido Dolfos, que mata traicioneramente al rey Sancho en el cerco de Zamora, donde resiste Urraca.

[2] Propiamente, presenta a Urraca en ropa interior, ya que el justillo

quieta estaba la luz en sus ojos de corza
sobre el rumor del río lamiendo el farellón[3].
Y es, por ejemplo, ahora
esta lluvia en los claustros de la Universidad,
sobre el patio de Letras, en la luz charolada
de los impermeables, retenida en la piel
aún más dulce en el hombro, declinando en la espalda
como un hilo de bronce, restallando en la yerta
palmera del jardín, repicando en la lona
de los toscos paraguas, rebotando en el vidrio.
        Guantes grises, rugosos,
pana, marfil, cuchillos, alicates o pinzas
sobre el juego de té o baquelita y mimbre.
Dios, ¿qué fue de mi vida?
        Cambia el color del agua,
llegan aves de Persia.
        Kublai Khan ha muerto.

---

iba *ajustado* a la piel, por debajo del jubón, lo cual hace difícil pensar en un cetro bordado. Aquí justillo está usado como sinónimo de jubón y, en todo caso, como recurso verbal de contextualización histórica e indicador simbólico del destino de Urraca, ya que Zamora será tomada (de ahí el simbólico cetro desleído).

[3] *Farellón,* forma inusual de farallón, ha de ser usada en este contexto como juego intencionado dada la imposiblidad de un islote en Zamora.

Oda a Venecia ante el mar
de los teatros

> Las copas falsas, el veneno y la calavera de los teatros[1].

GARCÍA LORCA

A Joaquín Marco

Tiene el mar su mecánica como el amor sus símbolos.
Con qué trajín se alza una cortina roja
o en esta embocadura de escenario vacío
suena un rumor de estatuas, hojas de lirio, alfanjes,
palomas que descienden y suavemente pósanse.
Componer con chalinas un ajedrez verdoso.
El moho en mi mejilla recuerda el tiempo ido[2]

---

[1] Es el último verso de «Ciudad sin sueño», de *Poeta en Nueva York,* que pudo leer Gimferrer en la edición de *Obras completas,* preparada por Arturo del Hoyo (Madrid, Aguilar, 1954, pág. 420). También de un poema de *Poeta en Nueva York,* «Paisaje de la multitud que orina», procede el verso de García Lorca que antepuso a *La muerte en Beverly Hills,* «¡La luna! Los policías. ¡Las sirenas de los transatlánticos!» (pág. 416), junto a otros de Juan Ramón Jiménez y Louis Aragon.

[2] Este verso puede estar inspirado en el antepenúltimo del mismo poema lorquiano del que procede el lema ya comentado, como también sugirió Sopeña (1986: 33). El verso de Lorca dice: «pero si alguien tiene por la noche exceso de moho en las sienes» (*op. cit.,* pág. 420). Puede haber otro eco del verso «por el derribo de los cielos yertos» (penúltimo verso de «Vaca», de *Poeta en Nueva York, op. cit.,* pág. 430) en «las nubes y su velamen yerto», mezclado a su vez con el verso 13 del Canto III de

y una gota de plomo hierve en mi corazón.
Llevé la mano al pecho, y el reloj corrobora
la razón de las nubes y su velamen yerto.
Asciende una marea, rosas equilibristas
sobre el arco voltaico de la noche en Venecia
aquel año de mi adolescencia perdida,
mármol en la Dogana como observaba Pound[3]
y la masa de un féretro en los densos canales[4].
Id más allá, muy lejos aún, hondo en la noche,
sobre el tapiz del Dux, sombras entretejidas,
príncipes o nereidas que el tiempo destruyó.
Qué pureza un desnudo o adolescente muerto
en las inmensas salas del recuerdo en penumbra.
¿Estuve aquí? ¿Habré de creer que éste he sido
y éste fue el sufrimiento que punzaba mi piel?
Qué frágil era entonces, y por qué. ¿Es más verdad,
copos que os diferís en el parque nevado,
el que hoy así acoge vuestro amor en el rostro
o aquél que allá en Venecia de belleza murió?
Las piedras vivas hablan de un recuerdo presente.
Como la vena insiste[5] sus conductos de sangre,
va, viene y se remonta nuevamente al planeta
y así la vida expande en batán silencioso,
el pasado se afirma en mí a esta hora incierta.
Tanto he escrito, y entonces tanto escribí. No sé

Pound, que este poema evoca expresamente: «y las nubes se inclinan sobre el lago», *op. cit.*, pág. 89.

[3] Es la cita más clara al Canto III ya citado: Vilas (1985: 126), señaló
la cita del verso 17, que dice «como observa Poggio», pero «el rumor de
estatuas» del v. 4 de Gimferrer pudo nacer de los vv. 12-13 del mismo
Canto III: «a través del bosque, y las hojas llenas de voces, / murmu-
rios...», Pound, *op. cit.*, pág. 89. La evocación de Pound en Venecia, en el
Dietari, I, 229-230, empieza precisamente con una paráfrasis de los primeros versos de este Canto III: «Me senté en los escalones de la Dogana / porque las góndolas estaban carísimas aquel año» (pág. 89).

[4] Gimferrer indicó a Sopeña (1986: 33) el origen de este verso en el
último del poema de Vicente Aleixandre, «Bomba en la ópera», de *En un
vasto dominio*, Madrid, Revista de Occidente, 1962, pág. 123: «y un inmenso ataúd boga en lo oscuro».

[5] *Insistir* aparece aquí usado como verbo transitivo, quizá con el sentido etimológico de «aplicarse en algo».

si valía la pena o la vale. Tú, por quien
es más cierta mi vida, y vosotros, que oís
en mi verso otra esfera, sabréis su signo o arte.
Dilo, pues, o decidlo, y dulcemente acaso
mintáis a mi tristeza. Noche, noche en Venecia
va para cinco años, ¿cómo tan lejos? Soy
el que fui entonces, sé tensarme y ser herido
por la pura belleza como entonces, violín
que parte en dos el aire de una noche de estío
cuando el mundo no puede soportar su ansiedad
de ser bello. Lloraba yo, acodado al balcón
como en un mal poema romántico, y el aire
promovía disturbios de humo azul y alcanfor.
Bogaba en las alcobas, bajo el granito húmedo,
un arcángel o sauce o cisne o corcel de llama
que las potencias últimas enviaban a mi sueño.
                                        Lloré, lloré, lloré.
¿Y cómo pudo ser tan hermoso y tan triste?
Agua y frío rubí, transparencia diabólica
grababan en mi carne un tatuaje de luz.
Helada noche, ardiente noche, noche mía
como si hoy la viviera! Es doloroso y dulce
haber dejado atrás la Venecia en que todos
para nuestro castigo fuimos adolescentes
y perseguirnos hoy por las salas vacías
en ronda de jinetes que disuelve un espejo
negando, con su doble, la realidad de este poema.

Cascabeles[1]

Aquí, en Montreux,
rosetón de los ópalos lacustres[2],
hace cincuenta años pergeñaba Hoyos y Vinent
la alucinante historia de lady Rebeca Wintergay[3].
Eran sin duda tiempos
—belle époque— más festivos, con la vivacidad bur-
[bujeante
de quien se sabe efímero —atronaban
los cañones del káiser la milenaria Europa, nunca el azul
[de Prusia
fue tan siniestro en caballete alguno—.
Rubicunda y nostálgica,
núbil walkiria de casino y pérgola,
la Gran Guerra ascendía, flameantes al viento
las barbas dionisíacas de Federico Nietzsche[4].

---

[1] Publicado en *Poesía española,* Segunda época, 130 (octubre de 1963), págs. 5-6. Registro seis erratas de imprenta seguras en esa primera publicación y una variante de interés, en el verso 19, que anoto en su lugar.

[2] A título de curiosidad, el v. 2 nació por la vía del *collage,* abriendo al azar el volumen de Hoyos y Vinent y seleccionando los términos que reflejasen su atmósfera (aunque bien pudiera anotarse en los «ópalos lacustres» la alusión oscura, implícita y metafórica al lago Leman en cuya orilla oriental se encuentra Montreux).

[3] Remito a Carnero, 1992, y a la Introducción para lo relativo a Hoyos y Vinent y el relato aludido en el v. 4.

[4] En el conjunto de alusiones hostiles al mundo germánico y al estallido de la Primera Guerra Mundial (designada como lo era entonces, la

Tiempos de confusión, Dios nos asista, un hálito
estrangulaba los quinqués, ajaba
premonitoriamente las magnolias.
Algo nacía, bronco, incivil, díscolo,
más allá de los espejos nacarados,
del tango, las anémonas[5],
los hombros, el champán, la carne nívea,
la cabellera áurea, el armiño,
los senos de alabastro, la azulada
raicilla de las manos marfileñas,
el repique, la esquila —¡tan bucólica!—
en el prado del beso y la sombrilla.
Merecían vivir, quién lo duda, los tilos
donde el amor izaba sus corceles,
los salones de láudano y porcelana chinesca
aromados por el kif de Montenegro.
Una canción de ensortijados bucles,
una sedeña súplica llegaba
de las postales vagamente mitológicas,
nebulosamente impúdicas, de los rosados angelotes
—púrpura y escayola, rolliza nalga al aire—
que presidían los epitalamios.
Maceración de lirios, el antiguo gran mundo
paseaba sus últimas carrozas
por los estanques que invadía el légamo.
Y en el aire flotaba ya un olor a velones, a cilicios,
a penitenciales ceras, a mea culpa,
a reivindicaciones
de inalienable condición humana.

Gran Guerra), quizá esas *barbas* de Nietzsche, inexistentes en su iconografía conocida, son dionisíacas por asociación a *El nacimiento de la trage-
dia* (1871), ensayo en torno a la polaridad de lo apolíneo y lo dionisíaco.
El texto lleva un «Prólogo a Wagner», que puede ser aludido también
dos versos arriba en relación con su obra *Las Walkirias,* segunda parte de
la tetralogía *El anillo de los Nibelungos.*

[5] Este heptasílabo era, en *Poesía española,* un endecasílabo: *del minué, la
polka, las anémonas.* Según indicó Vicente Aleixandre a Gimferrer, tras la
publicación del poema en *Poesía española,* se trataba de un anacronismo,
porque el tango había relevado al minué o la polka, más propios
del XIX.

Yo, de vivir, Hoyos y Vinent, vivo,
paladín de los últimos torneos,
rompería, rompió la última lanza,
rosa inmolada al parque de los ciervos,
quemaría, quemó las palabras postreras[6]
restituyendo el mundo antiguo, imagen
consagrada a la noria del futuro,
pirueta final de aquella mascarada
precipitada ya sobre el vacío.
Yo, de vivir, Hoyos y Vinent, vivo,
tanto daríamos, creedme,
para que nada se alterase, para
que el antiguo gran mundo prosiguiese su baile de galante
                                          [harmonía,
para siempre girando, llama y canción, girando[7]
cada vez más, creedme, tanto diéramos,
hasta el vértigo girando, Hoyos y Vinent, yo,
aún más rápido, siempre, tanto porque aquel mundo
no pereciese nunca, porque el gran carnaval
permaneciese, polisón, botines,
para siempre girando, cascabel suspendido
en la nupcial farándula del sueño.

---

[6] Los versos siguientes pueden estar relacionados con la sección segunda de «Burnt Norton» de Eliot, la danza continua en un punto inmóvil y la fusión de pasado y futuro: «un mundo nuevo, / y el viejo hechos explícitos a la vez, entendidos / en la consumación de su éxtasis parcial», que cito por la traducción de *Cuatro cuartetos,* de Vicente Gaos en 1951, para Adonais, reeditada por Barral Ed., en 1971, pág. 45.

[7] No anoto como errata esta variante porque hace sentido: *para siempre, girando llama y canción, girando*

Sombras en el Vittoriale[1]

[A Jaime Gil de Biedma][2]

Tenía el rostro claro de un poeta, la frente
tensa de Alcides, la mirada fúlgida
y triste de Proteo[3], el arpa herida
de la espalda[4] o venablo, el tambor escarlata
de la sangre en las sienes.
             Tíber, Tíber,
oh gloria de los Este[5],
largos otoños sobre el puente, arcadas

---

[1] Como se indicó en la Introducción, Il Vittoriale es el nombre de la residencia, cercana al lago Garda (v. 27), donde vivió los últimos años d'Annunzio, hasta su muerte en 1936. Había nacido en Pescara, como sugiere el v. 14.

[2] La dedicatoria de este poema fue añadida en la segunda edición, en 1968.

[3] Los dos son personajes de la mitología clásica: Alcides es el nombre primero de Heracles o Hércules, mientras que Proteo es el dios del mar con capacidad para transformarse en el animal o forma que desee. El primer adjetivo, *fúlgido*, puede estar asociado a la aptitud de Proteo para convertirse en fuego (como explica Idotea en el Canto IV de la *Odisea*). Ni en este caso ni en el de Alcides se citan los epítetos o atributos clásicos, aunque sí se imita el uso estilístico.

[4] Desde la edición de Visor se lee *espada,* pero es errata.

[5] Tíber y los Este funcionan con el mismo fin ennoblecedor que las alusiones mitológicas. Asocian al personaje del poema con la familia nobiliaria de los Este y con la geografía italiana, aunque ninguno de los dos datos, en esta ocasión, tengan relación directa o indirecta con d'Annunzio. Miembros de aquella familia, como Nicolás II o Hércules I, fueron

o túneles de rosas, sueño y púrpura
en los hombros, armiño,
gladiolo ígneo,
Italia.
      Aquí vivió.
Tuvo el don de decir con verdad la belleza,
aquélla (belleza o verdad) tan suya, tan sentida
desde los fríos de Pescara y el misterio
de sus voces secretas.
Qué importa lo demás, el salón o la alcoba,
el concierto de cámara, el artificio, el juego
del amor y la muerte, qué las guerras absurdas
donde no hurtó el peligro, qué el cesarismo estéril y
                                      [corrupto
en que había de morir el más noble de sus sueños.
Menos aún, el búfalo demagógico
que hoy hoza en la memoria de un ayer y su poeta.
                    Pronto, pronto,
cuando pase este tiempo de humareda y pecado
y pueda el hombre libre sentir libre en el día
la luz, el sol, los árboles,
a la hora más quieta
en que ascienden las brumas sobre el lago de Garda
habrá un cuerno de caza desgarrando el silencio
como un amor o una lágrima caída
por Gabriele D'Annunzio, por Gabriele D'Annunzio.

protectores de Petrarca y, muy en especial, de Ariosto, aunque la cita pudiera proceder del Canto III de Ezra Pound, que inspiró «Mazurca para
este día» y en el que se cita un lema de la familia Este, como anota Pardo
en E. Pound, *Cantos pisanos, op. cit.,* págs. 90 y 116, n. 9.

Invocación en Ginebra

A José Ángel Valente

«En la protesta —respondió sincero—
se vive con mayor desenvoltura,
mas para bien morir...»[1]
                    Palabrería
tiempo atrás insuflada, tiza en pizarra virgen,
no recordáis, colegio, en fila india,
mas para bien morir, fútbol, santo rosario,
pese a Lutero[2], mens in corpore, es lo justo,
la católica, madre, cuántos días, primer viernes,
te confesaste, es más segura, te confesaste, la católica,
                                              [sincero.
Te confesaste, y era —pese a Lutero— un corredor y al
                                              [fondo
rejas labradas, ébano, caoba,
qué sé yo, sándalo, roble, nogal, pino,

---

[1] Quizá algún lector recuerde los mismos versos, que proceden del libro escolar de Gimferrer y cuyo tono doctrinario y apostólico expresaba la superioridad de la Iglesia católica sobre el protestantismo. El verso «la católica madre es más segura» era del mismo poema, que aparece fragmentado un poco más abajo.

[2] La expresión, repetida después en el poema, acepta una doble lectura: tanto adverbial, con el sentido de resistencia española al protestantismo, como en oración imperativa, en cuyo caso refleja el belicoso clima moral de la Iglesia católica del franquismo. Pudo ser sugerida esa repetición de la expresión por un recurso análogo en Pound, Canto LXXXI, con la frase «Depón tu vanidad.», ed. cit., págs. 204-205.

madera, daba igual, labrada, beso
a la estola —¿o manípulo?—, a la cruz
dorada —¿o más bien amito? —y después, cuántos
[días,
dónde, con quién, por cuánto tiempo, qué,
quibus auxiliis, cur, quomodo, quando[3].
Pese a Lutero.
        y en cuanto a Calvino
ya se sabe, es notorio, Miguel Servet,
tan fielmente descrito por el eximio Menéndez y Pe-
[layo
—¿te confesaste?— en el tomo cuarto de los Hetero-
[doxos[4].

Tiempo destruye a tiempo, voz a voz, hombre a hom-
[bre[5].
Sueño destruye a sueño. Otro es el mío ahora.
Lejos anduve, todo
quedó al fondo, no sé, marchito, estéril.
¿Quién remueve en la espuma su cadáver de niño?[6].
¿Quién rescata al silencio el pasado y sus máscaras?
¿Quién al espejo pide
la desvaída imagen de un extraño?
Así yo, transeúnte del olvido,
mi andadura instauraba.

---

[3] El verso reproduce parte del clásico hexámetro latino del XII que ayudaba a evocar los *pensamientos ocultos* en *loci* de la memoria.

[4] No se cita la Edición Nacional de las *Obras completas* de Menéndez Pelayo de la posguerra, iniciada en 1939 y en cuyo tomo III, págs. 311-187 se trata de Servet, sino la anterior: en el tomo IV, de 1928, efectivamente aparecen las páginas aludidas.

[5] El claro tipográfico entre las series de versos desaparece en ediciones posteriores. Compárese, en todo caso, este primer verso con el v. 92 de «Burnt Norton», *Cuatro cuartetos,* ed. cit., pág. 47: «Sólo a través del tiempo se conquista el tiempo».

[6] Sopeña (1977) apunta el parecido entre estos versos y los primeros de «Retornos de los días colegiales», de Rafael Alberti, segundo poema de *Retornos de lo vivo lejano,* publicado por Losada en 1952; cfr. *Obras completas, op. cit.,* tomo II, págs. 489-490.

                                 Mas de pronto
Ginebra, el Leman, rúas, anticuarios,
libros, hallazgo, y luego
la catedral depone sus ojivas,
bronca grandeza de Calvino, salgo
a la calle, tejados, una fuente,
conjurado verdor de una arboleda
y el encuentro.
                    Terrasse
Agrippa D'Aubigné.
                         Y era verdad tu predio,
viejo hugonote, alejandrino o magma,
antorcha o verbo, espada o profecía.
Y era en verdad tu predio, y tu invectiva
ascendía iracunda en este límpido
mediodía agostizo, en esta vieja
ciudadela de herejes —Amiel, Rousseau, Calvino—, fi-
                            [listeos y rusos en exilio,
jirones del armiño, vástagos de la púrpura ultrajada.
Y era verdad tu predio. Tal planeta evidente,
crepitaba en el aire tu fe de antiguo tronco,
vegetal salmo en éxtasis.
                            Y me fue dado amarte.

Viejo y querido Agrippa, restituyo
—ô vermine espagnolle[7], no, no soy san Ignacio—
restituyo la voz, el jardín de mi infancia,
ya sin espectros, libre, puro, etéreo,
llega, Agrippa, conmigo,
                            se diría

---

[7] Gimferrer cita el segundo hemistiquio del verso 1245 de *Misères,* Libro primero de *Les Tragiques,* de Agrippa d'Aubigné. De la beligerancia del largo poema hablan el verso citado y los siguientes: «Voila vostre evangile, ô vermine espagnolle, / je dis vostre evangile, engeance de Loyole, / qui ne portez la paix sous le double manteau, / mais qui empoisonnez l'homicide cousteau: / c'est vostre instruction d'establir la puissance / de Rome, sous couleur de points de conscience, / et, sous le nom menti de Jesus, esgorger / Les Rois et les Estats où vous pouvez loger.» ; cfr. Agrippa d'Aubigné, *Les Tragiques,* Éd. de A. Garnier et J. Plattard, Paris, Société des Textes Français Modernes, 1975, págs. 127-128.

este jardín callado de Ginebra
que hoy ostenta tu nombre
                              oh jardín de mis años,
oh jardín de mis años y quién sabe
dónde mi nombre, Agrippa, mi recuerdo,
lo que fui entonces, lo que seré, en qué calle,
en qué terraza angosta, en qué playa o destierro,
olvidado, sin fe, no así tu historia,
pese a Lutero, dónde, de mi infancia al silencio,
oh jardín de mis años, lo que soy, lo que fui,
algo me aguarda, cuándo, Agrippa, muerte,
primer viernes, y aún sin confesarme,
quibus auxiliis, cur, pese a Lutero,
tened piedad de mí, mi colegio, mis versos,
hoy en Ginebra, vivo, todo pasó, escuchadme,
no responden, no hay eco, dónde mis verdes años,
tened piedad de mí, hombre soy, he vivido,
Agrippa D'Aubigné, séme benigno, que tu Dios acepte
la derramada rosa de mi sangre mortal.

Pequeño y triste petirrojo

Oscar Wilde llevaba
una gardenia en el pico[1].
Color gris, color malva en las piedras y el rostro[2],
más azul pedernal[3] en los ojos, más hiedra
en las uñas patricias, ebonita en las ingles de los fau-
[nos.
No salgáis al jardín: llueve, y las patas
de los leones arañan la tela metálica del zoo.
Isabel murió, y estaba pálida,
una noche como ésta.
Hay orden de llorar sobre el bramido estéril de los acanti-
[lados.
Un violín dormirá? Unas camelias?
Y aquel pijama rosa en pie bajo la lluvia.

---

[1] En «La decadencia de la mentira», el personaje Vivian, trasunto del propio Wilde, asegura pertenecer al club de los «Hedonistas Fatigados», cuyos miembros se comprometen a «ostentar, en nuestras reuniones, rosas mustias en el ojal y a profesar una especie de culto a Domiciano», (*Obras completas,* Madrid, Aguilar, 1954, trad. Julio Gómez de la Serna, pág. 885). Así, *pico* puede aludir a la imagen titular del poema, pero también al pico de la solapa. La atracción de Wilde por la antigüedad clásica, tan patente en ese mismo ensayo o en «El crítico artista», está en el origen de la presentación del autor como estatua de piedra.

[2] En Visor se lee, por errata o hipercorrección, *en las piedras y en el rostro.*

[3] Pedernal es aquí disémico porque apela al mismo tiempo al tono grisáceo o amarillento del azul y a la dureza de la piedra.

Puente de Londres[1]

¿Encontraría a la Maga?[2]

—Eres tú, amigo? —dije.
—Deséale suerte a mi sombrero de copa.
Una dalia de cristal
trazó una línea verde en mi ojo gris.
El cielo estaba afónico como un búho de níquel.
—Adiós, amigo —dije.
—Echa una hogaza y una yema de huevo en mi bom-
[bín.
Una bombilla guiñaba entre las hojas de acanto.
Mi corazón yacía como una rosa en el Támesis.

[1] El título y el último verso, en alusión al Támesis, remiten al «Sermón del fuego» de la tercera parte de *The waste land,* de Eliot. Véase la nota 44 de la Introducción pero cfr., no obstante, Joan Ferraté, *Lectura de "La terra gastada", de T. S. Eliot,* Barcelona, Ed. 62, 1977, págs. 110-114.

[2] Pocos lectores de *Rayuela* (Buenos Aires, 1963), de Julio Cortázar, habrán olvidado esa primera línea de la novela, después de los diversos preliminares, y que da el tono y los motivos del poema.

Primera visión de marzo[1]

[A Octavio Paz][2]

I

¡Transustanciación!
        El mar, como un jilguero[3],
vivió en las enramadas. Sangre, dime,
repetida en los pulsos,
que es verdad el color de la magnolia, el grito
del ánade a lo lejos, la espada en mi cintura
como estatua o dios muerto, bailarín de teatro.

---

[1] «Segona visió de març», tercer poema de *Els miralls,* es una recreación de las mismas técnicas experimentadas en éste, sobre la base de Eliot, a quien alude el poema en catalán, que cito traducido por el autor: «Quizá un discurso eliotiano en ocasiones, pienso / que este poema pone realmente en peligro / uno de los niveles de mi poesía: es decir, que el discurso / muestra aquí a un tiempo las dos caras del espejo» (1988, pág. 27). En la sección I de esta «Primera visión» puede haber ecos de la sección V de «East Coker» o algún recuerdo explícito de la sección II, *Cuatro cuartetos,* ed. cit., pág. 59: «Éste era un modo de exponerlo —no muy satisfactorio: / un estudio perifrástico en una trillada forma poética, / que a uno le deja todavía en intolerable lucha / con palabras y significados». Y recuérdese el pasaje citado en la Introducción del artículo «Historia y memoria de Dau al set» sobre la lucha con las palabras y el propio lenguaje.

[2] La dedicatoria aparece en la segunda edición, de 1968.

[3] Sopeña (1977) ha anotado también el paralelismo de estos versos con «Retornos de un poniente en Ravello», de Rafael Alberti (*Obras completas, op. cit.,* t. II, págs. 525-526).

¿No me mentís? Sabría
apenas alzar lámparas, biombos,
horcas de nieve o llama en esta vida
tan ajena y tan mía, así interpuesta
como en engaño o arte, mas por quién
o por qué misericordia?
Yo fui el que estuvo en este otro jardín
ya no cierto, y el mar hecho ceniza
fingió en mis ojos su estremecimiento
y su vibrar de aletas, súbitamente extáticas
cuando el viento cambió y otras voces venían
—¿desde aquella terraza?— en vez de las antiguas,
color de helecho y púrpura, armadura en el agua.
Tanto poema escrito en unos meses,
tanta historia sin nombre ni color ni sonido,
tanta mano olvidada como musgo en la arena,
tantos días de invierno que perdí y reconquisto
sobre este mismo círculo y este papel morado.
No hay pantalla o visera, no hay trasluz
ni éstas son sombras de linterna mágica[4]:
cal surca el rostro del guerrero, roen
urracas o armadillos el encaje en los claustros.
Yo estuve una mañana, casi hurtada
al presuroso viaje: tamizaban la luz
sus calados de piedra, y las estatuas
—soñadas desde niño— imponían su fulgor inanimado
como limón o esfera al visitante.
Visión, sueño yo mismo,
contemplaba la estatua en un silencio
hecho sólo de memoria, cristal o piedra tallada
pero frío en las yemas, ascendiendo
como un lento amarillo sobre el aire en tensión.
Hacia otro, hacia otra
vida, desde mi vida, en el común
artificio o rutina con que se hace un poema,

---

4 Podría aludir a la «linterna mágica» de la infancia que Proust evoca
en las primeras páginas de *À la recherche du temps perdu*. Véase la Introducción.

un largo poema y su gruesa artillería,
sin misterio, ni apenas
este sordo conjuro que organiza palabras o fluctúa
de una a otra, vivo en su contradicción[5].
Interminablemente, mar,
supe de ti: gaviotas a lo lejos
se volvían espuma, y ella misma
era una larga línea donde alcanzan los ojos: unidad. Y en
                                                        [el agua
van y vienen tritones y quimeras, pero es más fácil
decir que vivo en ella y que mi historia
se relata en su pálido lenguaje.
Pentagrama marino, arquitectónico,
qué lejano a este instante muerto bajo la mesa,
al sol en la pecera y el ámbar en los labios,
a la lengua de cáñamo que de pronto ayer tuve.
Interiormente llamo o ilumino
esferas del pasado y me sé tan distinto
como se puede ser siendo uno mismo y pienso
en el mejor final para este raro poema
empezado al azar una tarde de marzo.

                               II

La tarde me asaltaba como una primavera
en Arezzo, y yo cedía al repertorio
de emociones y usos de poeta: deidades
se materializaban a mi voz, faunos ígneos
amenazaban cada gruta, sombras
de mí mismo me esperaban bajo el tapial de álamos.
(Todavía no he hablado, ni lo haré,
de otros prodigios, alcotán o ninfa Egeria[6],

---

[5] Compárese estos versos con la sección V de «Little Gidding», de Eliot, *Cuatro cuartetos,* ed. cit., pág. 111.

[6] La alusión a la ninfa Egeria (transformada en fuente por Diana ante su inconsolable llanto, como cuenta Ovidio en el libro XV de las *Metamorfosis*) es un modo indirecto de evocar el aprendizaje del latín, en el contexto de esta breve incursión en su infancia escolar.

clase de francés a mis doce años o recuerdos de una gue-
[rra no vivida,
primeras horas con Montaigne o inútiles lecciones de sol-
[feo,
minotauro de Picasso y poesía entre mis apuntes, toda
[una memoria abolida
por el silencio encapuchado de esta tarde.)
Penitente el jardín, las hojas ciegas
amarilleaban obstinadamente.
                              Sin duda vine a esto,
y no llamado por un rito o mística
revelación; sabiendo, y aceptando,
que nada iba a hallar sino en mí mismo.
                              Así el jardín es otra
imagen o rodeo, como al final de un súbito pasillo
la luz se abre y el balcón llamea,
ignorado hasta entonces; o más bien
la pausa entre relámpago y relámpago,
cuando en la oscuridad todo es espera
y de pronto llegó (¿pero era esto?)
                              Luces
inquietan el jardín, como de balneario
—un quinteto en la pérgola, té, gravilla— donde aún es
[posible
reconocerse, aquél, bajo los sauces tártaros,
y estar allí sin que nadie lo sepa,
como uno que viajó consigo mismo en el avión, entre
[brumas neerlandesas,
y aún hoy lo ignora.
Fácil, fácil conquista, marzo y árboles rojos.
Surtidor el unánime, tened piedad de mí.

III

¡Con qué tenacidad
insiste la columna!
Serpiente o mármol o marfil
en el silencio ovalado de la plaza

124

impone su ascensión: oro o musgo que crece,
sal y rumor de luces submarinas.
Medallones del sol, a plomo sobre el aire,
se fijan en el muro y su estertor calcáreo:
arden, mueren, desmienten
una verticalidad hecha de sombra.
                                        Veo
con otros ojos, no los míos, esta plaza
soñada en otros tiempos, hoy vivida,
con un susurro de algas al oído
viniendo de muy lejos.
                              Atención:
bajo el viento de marzo la plaza en trance vibra
como un tambor de piedra.
Mar o libro de horas,
se trata de ordenar estos datos dispersos.

                          IV

Ordenar estos datos es tal vez poesía.
El cristal delimita, entre lluvia y visillos,
la inmóvil fosforescencia del jardín.
Un aro puede arder entre la nieve bárbara.
Ved al aparecido y su jersey azul.
Así puedo deciros
esto o aquello, aproximarme apenas
a la verdad inaprensible, como
buscando el equilibrio de una nota indecisa
que aún no es y ya pasó, qué pura.
Violines o atmósferas.
                          Color muralla, el aire
proyectando más aire se hace tiempo y espacio.
                                        Así nosotros
movemos nuestras lanzas ante el brumoso mar
y son ciertas las luces, el sordo roce de espuelas y correaje,
los ojos del alazán y tal vez algo más, como en un buen
                                                    [cuadro.

Julio de 1965

I

No: ¿qué me vale el día
y este tiempo vencido
sobre la plenitud
de un exacto equilibrio?
Lisa cunde la lámina
en los bordes del río.
La luz insiste y bruñe
su silencioso filo.
¡Luz, qué grito en los álamos!
Estáis aquí. Vivimos.
Pájaros del oeste,
llevad mi amor herido
a otro cielo más hondo
donde sueñan los mirlos.
¿Fui arquitectura o sueño?
Mi mar ardiendo. Abdico.
Ojos, qué luz extraña
se entró en el edificio.
Salas, salas del aire.
Sombras que en él he visto.
Pasan espejos de agua
bajo el arco sombrío.
Luz y tiempo inventando
en el aire mi sitio.
´Aquí tú. El sol crepita.

¿Empieza el tiempo? Existo.
Como el puente que funda
sobre piedra su mito.
Ahí cierra compacto,
mas prolonga su instinto,
hondo ya, en las raíces
o los altos del limbo.
¡Pasión de mar a mar!
¿Es verdad lo que escribo?
Depende el mundo. Un verso
sobre la tarde en vilo.
Las estatuas me ven
como en mis días idos.
Autómata. En el parque
la luz retiene pinos.
Región oscura. Siento
pesar, alto, un concilio
en las copas que inundan
de oro muerto sus picos.
Hunden su voluntad
en el aire sumiso.
¿Por qué yo? Me deslumbran
focos, música, un circo.
Seré. Resida en mí
la verdad de lo vivo.

II

Estoy vivo en la noche.
El silencio desmiente
aquel rumor de pájaros
que invisibles se atreven
y, tentando lo oscuro
su corazón de nieve,
rompen, abren, irrumpen
en la calma de un vértice.
Estoy vivo en la noche.
Ausencia que aquí hieres,

¿necesita de mí
para ser el alerce?
Proyección. Cómo me ata
la cúpula celeste,
el volumen de un árbol,
el mar que al fuego tiende,
el relámpago vivo
que en el sueño detiene
su momento, e incendia
los ojos que lo mienten.
Sombras de águila ocultan
la quietud de mi frente.
¿Respira el mundo? Un cuadro
donde la noche crece.
Ved abierta a lo vivo
la colina, en relieve
sobre el campo nocturno
su cargazón terrestre.
Cólmame. Puja un grito
o una llama, algo asciende.
Si vivo aún, ¿por qué
nada al cuerpo retiene?
Qué verdad. Subo, subo.
Aire: me perteneces.

Himno[1]

A José Luis Cano

Contemplo el sol y el ritmo del cerezo
que estremece sus ramas. Circe, Circe[2]
¿son tuyos estos ojos que puntean
la mies, como una noche? No los cierres
mas hiñe en mí, oh espada y fiel del día,
oh manopla en mi rostro, viva máscara,
ocre dogal, oh cepo por quien somos
más que quien somos, claridad de un vientre!
Cristal, mercurio, tarde: ¡cómo pesa
en mis hombros el cobre incandescente
de la fruta en sazón! Dicen del hombre
que no puede consigo. En todo caso
no con su juventud, rosa sin número.
Y debe ser. Volvían viñadores
y aún el cielo iba rojo por poniente
con sentido de hoz. Siégame, siega

---

[1] Publicado en *Rocamador*, 35 (nov.-1964), pág. 23, sin la dedicatoria. El poema parte del episodio de Circe en la *Odisea,* como en el Canto XXXIX de Pound, *op. cit.,* págs. 123-125, que puede estar en el origen de los primeros versos del poema. Circe también es ampliamente evocada en el Canto XX, pág. 107.

[2] Circe encarna aquí los poderes mágicos de la naturaleza, que amagan su castigo, como les sucedió a los compañeros de Ulises persuadidos por Circe («oh cepo...») y convertidos en animales diversos en el Canto X de la *Odisea*. Debe leerse en boca de Ulises.

en los ojos y el sexo, a flor de piel,
como puntazo o ácida sutura
al borde mismo de los labios. Viene
un sordo rumor, megáfonos, sirenas,
pesquerías lejanas. Puede el mar
saber más que nosotros, y sentencia
con su fulgor de escualo. Arena, calcio,
madréporas dormidas, oh columna
del pasado y presente, estancia yerta
donde la luz se esfuma, nieve o sauce!
Mas ¿qué redime el tiempo? Piedra, mies,
oro mortal, ajorca, qué presea
para el rubio Azrael, tiza y carbono[3].
A lo lejos relámpagos invocan,
cárdenas trompas. Voluntad de púrpura
sobre mis hombros, voluntad de ser
más que yo mismo, escudo de ojos tristes.
Oh voluntad de estío en llamas. Muerte,
sobre la mies soy tuyo.

---

[3] Azrael es el ángel de la muerte para los musulmanes y el color del
pelo viene condicionado por el cromatismo inmediatamente anterior:
mies, oro mortal; la alusión prepara el último verso del poema, pero esos
dos versos encierran una alusión a «La ajorca de oro», leyenda de Bécquer en la que Pedro roba en la Catedral de Toledo y en un ambiente de
fantasía tenebrosa, la «ajorca de oro» (designada dos veces como *presea*)
que lleva en el brazo la Virgen del Sagrario y que ha obsesionado a María hasta la pesadilla. Pedro cae desvanecido y enloquece tras la visión
alucinada de las estatuas animadas, los reptiles y alimañas que «pululа-
ban, como los gusanos de un inmenso cadáver»; cfr. G. A. Bécquer, *Le-
yendas, apólogos y otros relatos,* Ed. de Rubén Benítez, Barcelona, Labor,
1974, págs. 135-143.

Canto

El mar dobla la capa de Teseo[1]
sobre su espejo cóncavo. ¿Qué luz
punza mis ojos, varetazo, daga
de bronce líquido? Aves nos hablan, aves
no de este mundo. Oh, golpead mis pómulos
con la miel de esta luz, tendón, escafandra
o gas en mis pulmones, inhalando
y exhalando, como un águila partida
en dos mitades. Vivo, vivo estoy
como un águila, dioses. ¿Seré uno
o dos para vosotros? No pensaba
hallarme aquí, en la gruta donde velan
minotauros de yeso. Viento, acucia
tus canes en Trieste[2], y lean los míos
sobre la esfera verde de sus ojos
que me he perdido en Creta.

---

[1] Como ya indiqué, evoca la leyenda de Teseo y la persecución del
minotauro en el Laberinto diseñado por Dédalo, en Creta.

[2] Trieste es sólo una evocadora referencia geográfica, alejada de Creta para hacer funcionar la imagen del mensaje transmitido por el viento.
Evidentemente, *tus carnes* es lectura errónea de Visor, que repite también
el texto de Círculo de Lectores (como en los demás casos señalados).

Una sola nota musical para Hölderlin[1]

Si pierdo la memoria, qué pureza.
En la azul crestería la tarde se demora,
retiene su oro en mallas lejanísimas,
cuela la luz por un resquicio último, se extiende y me de-
[lata
como un arco que tiembla sobre el aire encendido.
¿Qué esperaba el silencio? Príncipes de la tarde, ¿qué pa-
[lacios
holló mi pie, qué nubes o arrecifes, qué estrellado
[país?
Duró más que nosotros aquella rosa muerta.
Qué dulce es al oído el rumor con que giran los planetas
[del agua.

    [1] *Caracola. Revista malagueña de poesía,* 158 (diciembre de 1965), pág. 15.
La única variante es una errata en el título, que lee *Holderlin.*

Cuchillos en abril

Odio a los adolescentes.
Es fácil tenerles piedad.
Hay un clavel que se hiela en sus dientes
y cómo nos miran al llorar.

Pero yo voy mucho más lejos.
En su mirada un jardín distingo.
La luz escupe en los azulejos
el arpa rota del instinto.

Violentamente me acorrala
esta pasión de soledad
que los cuerpos jóvenes tala
y quema luego en un solo haz.

¿Habré de ser, pues, como éstos?
(La vida se detiene aquí)
Llamea un sauce en el silencio.
Valía la pena ser feliz.

Band of angels

Un jazmín invertido me contiene,
una campana de agua, un rubí líquido
disuelto en sombras, una aguja de aire
y gas dormido, una piel de carnero
tendida sobre el mundo, una hoja de álamo
inmensamente dulce, cuanto puede
vegetal y callado remansarse
sobre nuestras cabezas, y la sien
y los labios y el dorso de la mano
ungir de luz:
                    Tú llegas.
                              Mía, mía
como el árbol del cielo de noviembre,
la lluvia del que en sus cristales óyela
y piensa en ella, el mar de su eco lóbrego,
el viento de la cueva donde expira
y se sume, pasado el planisferio,
la luz de su reflejo en un estanque,
el astro de su luz, del tiempo el hombre
que lo vivió y luchó para ganarlo,
ganando aquél, del silencio la música
que un instante ha cesado y se retiene
para volcarse luego, un solo río,
una sola corriente de oro en pie,
inmóvil y cambiante, tal el signo
de la centella en el recuerdo, cuando

la pensamos y fue, sobre la tapia
en cal de nuestra infancia, un aro roto,
y aquel fulgor estremeciendo el aire,
caliente en las mejillas, glacial luego,
cuando la lluvia en chaparrón nos vence
y vence a nuestra infancia:
                                    toda mía
como esa infancia que no tuve, el ruido
de una máquina al coser, tarde perlada
de cansancio, cortinas fantasmales,
unánime el pasillo hacia el balcón
y la calle entre rejas, un perfil
desconocido, el mío, y en sus ojos
otra luz de leyenda, un mundo, salas,
caminos, rosas, montes, arboledas,
tapices, cuadros, parques de granito,
abanicos abiertos, tumba abierta
con un ángel de mármol, tumba abierta
con coronas y versos, tumba abierta
de un niño, tumba oscura, aún mi pelo
rizado estaba, tumba abierta al cierzo
y la lluvia de otoño, verdes eran
ya mis ojos, en mi boca había un lirio,
tumba abierta de barro removido,
paletadas de estiércol en los ojos
de un niño, tumba abierta, venid todos,
murió en noviembre y llueve en su piel blanca,
llueve con la dulzura del otoño
y el dolor de la infancia que no tuve
y hoy sueño para ti,
                            pues eres mía,
mía como lo más mío de mí mismo.

Yo te he esperado años, y no importa
(no debiera importar) que sin tu luz
permanezca unas horas, escribiendo
poemas al azar, mientras te sé
con otras gentes —¿tú, la que me sueño,
o la que eres?— ida, ajena, en este

país tan tuyo de metal y sombra
donde no puedo entrar, en este tiempo
vivido sólo por y para ti,
el tiempo de la sala de concierto
donde entraste aquel día, y bruscamente
te vi partir, sabiéndome a tu lado
y queriéndome aún, mas desde lejos,
donde imposible no sonó mi paso
ni mi respiración de amor llegaba
a tus cabellos, desde el centro mismo
de la otra vida, el corazón magnético
que envolvía en un círculo, hacia arriba,
sala y rostros y música y a ti.
No debiera importar que no te tenga
de este modo en las horas que tú vives
lejos de mí, fiel a tu vida propia,
para luego en la luz de amor transida
de mis ojos reconocerte en mí
y latir al unísono los pulsos,
astros, flores y frutos del amor;
no debiera importarme, mas no sé
dar al olvido tantos años muertos,
tanta belleza inútil, pues no vista
ni gozada contigo, tanto instante
que no sentí, pues no sentí a tu lado,
toda mi vida antes de abrirme a ti:
este jardín, esta terraza misma,
el vientre tibio de la noche fuera,
las ubres ciegas del pasado, el agua
latiendo al fondo de un poema, el fuego
crepitando en la cumbre de un poema,
la cruz donde confluye el elemento,
el círculo o conjuro cabalístico,
la pezuña del diablo, los ardides
que con mi amor fabrican poesía
como metal innoble.
                              Veo el claustro
ya en silencio a esta hora de la tarde,
mágico en la distancia y la memoria,

arropado de sombras indecisas,
y tú saliendo, tu cabello suave
que ahuyenta las brujas, tu mirada
vertida en algo más allá de ti,
la astral fosforescencia de tus dientes,
el hielo dulce y terso de tus labios,
todas las dalias que en tu piel expiran
y en cada pliegue de tu cuerpo, y toda
la piedad de tus manos me conceden.
Irreductiblemente, ¿cómo ves
al que te espera, con tus ojos puros?
Supiera esto, y tú serías mía,
y al esperarte ahora, en esta tarde
que existe sólo porque existes tú,
la luz que confabula este poema
incendiaría nuestra soledad.
Ven hasta mí, belleza silenciosa,
talismán de un planeta no vivido,
imagen del ayer y del mañana
que influye en las mareas y los versos;
ven hasta mí y tus labios y tus ojos
y tus manos me salven de morir.

El arpa en la cueva

Ardía el bosque silenciosamente.
Las nubes del otoño proseguían
su cacería al fondo de los cielos.
Posesión. Ya no oís la voz del cuco.
Qué ojo de dragón, qué fuego esférico,
qué tela roja, tafetán de brujas,
vela mis ojos? Llovió, y en la hierba
queda una huella. Mas he aquí que arde
nítido y muy lejano el bosque en torno,
un edificio, una pavesa sola,
una lanza hasta el último horizonte,
cual tirada a cordel. Nubes. El viento
no murmura palabras al oído
ni repite otra historia que ésta: ved
el castillo y los muros de la noche,
el zaguán, el reloj, péndulo insomne,
los cayados, las hachas, las segures,
ofertas a la sombra, todo cuanto
abandonan los muertos, el tapiz
dormido de hojas secas que pisamos
entrando a guarecernos. Pues llovía
—se quejaban las hojas— y el cristal
empañado mostró luego el incendio
como impostura. ¿Llegarán las lenguas
y la ira del fuego, quemarán
              desde la base el muerto maderamen,
abrirán campo raso donde hubo

cerco de aire y silencio? No es inútil
hablar ahora del piano, los visillos,
las jarras de melaza, el bodegón,
los soldados de plomo entre serrín,
las llaves de la cómoda, tan grandes,
como en el tiempo antiguo. No es inútil.
Pero qué cielo este del otoño.

La abubilla que habla a los espíritus,
la urraca, el búho, la corneja augur,
el gavilán, huyeron. Ni una sombra
se interpone entre el lento crepitar
y el cielo en agonía. Abrid un templo
para este misterio. Sangre cálida
dejó tu pecho suave entre mis manos,
amada mía: un goterón de púrpura
muy tembloroso y dulce. Como yesca
llameó la paloma sin quejarse.
La muerte va vestida de dorado,
dos serpientes por ojos. Qué silencio.
Tarda el fuego en llegar al pabellón
y hay que ir retirándose. Ni un beso
de despedida. Quedó sólo un guante
o un antifaz vacío. Cruces, cruces
para ahuyentar los lobos!
                                    Un guerrero
trae la armadura agujereada a tiros.
En sus cuencas vacías hay abejas.
Lagartos en sus ingles. Las hormigas,
ah, las hormigas besan por su boca.
Espadas de la luz, rayos de luna
sobre mi frente pálida! Un instante
velando sorprendí a vuestro reflejo
la danza de Silvano[1]. Ágiles pies,

---

[1] Silvano, divinidad de los bosques en la mitología romana (p. e.,
Virgilio, *Eneida,* Libro VIII, 597), tempranamente identificado con Pan,
y que tañe instrumentos musicales en la selva, como en la Égloga II de
Virgilio, o en la X, en la que agita férulas floridas y altos lirios. En la tra-

muslos de plata piafante. El agua
lavó esta huella de metal fundido.
Y un resplandor se acerca. Así ha callado
el naranjo en la huerta, y el murmullo
de su brisa no envía el hondo mar.
Vivir es fácil. Qué invasión, de pronto,
qué caballos y aves. Tras las nubes
otras nubes acechan. Descargad
este fardo de lluvia. ¡Un solo golpe,
como talando un árbol de raíz!
Se agradece la lluvia desde el porche
cuando anochece y ya los fuegos fatuos
gimen y corretean tras las tapias,
como buscándonos. Recuerdo que encendías
un cigarrillo antes de irte. Luego
el rumor de tus pasos en la grava,
sobre las hojas secas. Nieve, nieve,
quema mi rostro, si es que has de venir!
Se agradece la lluvia en esta noche[2]
del otoño tardío. Canta el cuco
entre las ramas verdes. Un incendio,
un resplandor el bosque nos reserva
a los que aún dormimos bajo alero
y tejas, guarecidos de la vida
por uralita o barro, como si
no estuvieran entrando ya los duendes
con un chirrido frágil
por esta chimenea enmohecida.

dición textual de Ovidio y las *Metamorfosis*, se confunde en algún caso a
Sileno (sátiro gordo, borracho y relacionado con Dionisio) con nuestro
Silvano (XIV, v. 639), mezclado con panes y sátiros.

    [2] También en estos versos finales del poema señala Sopeña (1977) un
paralelismo con Alberti y «Retornos de una tarde de lluvia», cfr. *Obra
completa, op. cit.,* t. II, págs. 487-488, primer poema de *Retornos.*

Apéndice

Incluyo tres tipos de textos. En el primer apartado se reproducen las páginas prologales que escribió Gimferrer para el libro *Poemas 1963-1969.* El volumen recogía la poesía en español que consideró entonces representativa de su recién terminada etapa, es decir, *Arde el mar, La muerte en Beverly Hills,* una selección de los poemas pertenecientes al libro *Extraña fruta* y otros tres poemas de esos años (Vilas, 1985: 125). Constituyó el tercer volumen de la colección Ocnos, «de poesía española y latinoamericana», dirigida por Joaquín Marco y en cuyo Consejo de Redacción figuraba el propio Gimferrer, junto con José Agustín Goytisolo, Luis Izquierdo y Manuel Vázquez Montalbán. «Algunas observaciones» ha sido reproducido en la última edición de su poesía, *Poemas 1962-1969* (1988), que es la que tomo como base. Acudo a la edición de 1969 y a la de Círculo de Lectores, de 1992, para salvar los errores tipográficos que hacen ilegible alguno de sus pasajes, y registro las mínimas variantes de autor.

El segundo apartado está dedicado al poema unitario en veintiséis cuartetos alejandrinos, *Morir sobre un nenúfar,* que publicó Rafael Pérez Estrada en Málaga, en 1988. Una nota del propio Pérez Estrada explica las circunstancias del texto, escrito en 1963, a raíz de la noticia de la muerte de Cocteau (de ahí el subtítulo del poema: «Homenaje a Jean Cocteau».)

Por último, en el tercer apartado, recojo algunos de los poemas dispersos en revistas, o publicados mucho después de su redacción, pensando en el interés de esos tempranos experimentos desechados por el autor y no recogidos en libro. Es en conjunto un material documental que muestra las distintas tentativas e influencias de un joven poeta (desde la patente en esta primerísima etapa de Saint-John Perse o Claudio Rodríguez hasta el juego con el cine). De particular interés resultan en algunos de ellos: el titulado «Revelaciones», con alguna semejanza con el tono exultante de «Himno», por ejemplo, o con una temprana *finta* metapoética, o los dos últimos, con una primera aproximación al erotismo en «Himno tercero» y un irónico y sentimental inventario de mitos privados en «Caligrafías».

I
Algunas observaciones
(1969)

Algunas observaciones (1969)*

Los poemas recogidos en este libro fueron escritos entre agosto de 1963 y junio de 1969, es decir, entre mis dieciocho y veinticuatro años[1]. De este enunciado podría inducir el lector dos consecuencias igualmente falsas, a saber: que este libro recoge toda la poesía que he escrito en estos años o que durante ellos mi actividad poética ha sido ininterrumpida. Cualquiera que haya escrito alguna vez poesía o conozca mínimamente la forma en que suele desarrollarse por lo común este tipo de trabajo sabrá de inmediato que la segunda hipótesis no puede ser cierta y que todos los poetas atravesamos períodos racheados irregularmente de silencio y fertilidad. En cuanto a la extensión de este libro[2], me limitaré a decir que reúne aquella parte de mi poesía que me ha parecido más indicada para dar una idea coherente de mi evolución. Faltan eslabones; exactamente, tres libros escritos en este tiempo han quedado inéditos, algunos poemas de los mismos adelantados en publicación fragmentaria no han sido incorporados a esta edición y un breve volumen aparecido anteriormente ha quedado también excluido[3]. ¿Por qué

---

* Pedro Gimferrer, *Poemas 1962-1969*, Madrid, Visor, 1988, páginas 51-54. Originariamente, en *Poemas 1963-1969*, Barcelona, Llibres de Sinera, Ocnos 3, diciembre de 1969, págs. 7-10.

[1] 1969, *mis dieciocho y mis veinticuatro*

[2] 1969, *extensión del contenido de este libro,*

[3] Alude a *Malienus, Madrigales* (a él pertenecen los *Tres poemas*) y *Experimentos en poesía*. El último mencionado ha de ser *Mensaje del Tetrarca.*

145

razones? Simplemente, porque aquellos poemas, que en su momento tenían un sentido, una utilidad —representaban una experiencia o tanteo— no me parece que luego, cumplida la evolución que facilitaban, posean suficiente vigencia en sí mismos. Eran medios, no fines, aunque yo no lo podía saber al escribirlos. Los primeros poemas de *Arde el mar* («Cascabeles» e «Invocación en Ginebra») datan, como he dicho, del verano del 63; el último («El arpa en la cueva») fue escrito la noche de fin de año de 1965. El libro apareció en el primer trimestre de 1966. No es un libro unitario, y los poemas no van ordenados en él por orden cronológico de redacción. Es el libro que he escrito de un modo menos deliberado y más *nonchalant* y a ello habrá que atribuir su absoluto desinterés por los modos de escribir poesía que regían en España por aquellos años. De hecho, mi formación se basaba sobre todo en la generación del 27 y en poesía extranjera (Pound, Eliot, Perse...) y no pensaba ni poco ni mucho en que aquello tuviera o no que ver con lo que en poesía se estaba haciendo a mi alrededor. Por otro lado, aunque leía mucho, lo que mayormente me interesaba entonces era el cine, y escribía estos poemas como un tránsfugo o intruso en la literatura, sin especial designio de publicarlos. Fue principalmente Vicente Aleixandre, que los conoció en verano del 65, quien venció mis dudas, resistencia y temores sobre la conveniencia, utilidad o necesidad de su publicación. La relativa repercusión que alcanzaría luego el libro (y no me refiero a las polémicas más o menos provincianas que pudiera suscitar en ciertos círculos literarios, sino al interés que por él mostraron personas cuya opinión me importaba) me sorprendió bastante y acumuló sobre mi ánimo, quieras que no, un sentimiento de responsabilidad hacia el futuro. Intenté entonces (*Arde el mar* era, en algunos aspectos, casi escritura automática) una poesía más controlada y reflexiva, más cercana también a lo usual entre nosotros. Pasé al extremo opuesto con una serie de largos poemas experimentales. Ambas tentativas, que quizá consiguieron resultados parciales de algún interés dentro de sus límites, no me parecieron en conjunto justificar su publicación, salvo alguna muestra fragmentaria que adelanté aquí y allá. Este período cubre desde enero del 66 a julio del 67, en que inicié la redacción de *La muerte en Beverly Hills*. Este libro —el más lenta y cuidadosamente elaborado de los que he escrito, pese a su brevedad— es en realidad un solo poema, y como tal lo sentí mientras lo iba escribiendo. Principalmente, era un esfuerzo por liberarme de *Arde el mar* e incorporar a mi poesía elementos muy característicos de mi sensibilidad, narrando a través de ellos —como en *Arde el mar* a través de pretextos históricos o culturales— una historia íntima. (Que el mundo elegido fuera el cine americano de los años dorados y que este mundo estuviera de moda no fue sino una coincidencia que prueba, como mucho, que no estoy tan distante como yo mismo a veces creo de los gustos de mi generación). Es mi libro más triste, en la medida en que su tema es la nostalgia y la indefensa necesidad de amor. Desde otro ángulo puede verse también como un juego de múltiples máscaras o espejos, es decir como un libro irónico. No creo que una interpretación excluya a la otra: se complementan.

La tendencia a una ruptura, esta vez ya consciente (en *Arde el mar* fue sobre todo indeliberada), con la poesía dominante en España presidió aún más *Extraña fruta,* escrito entre enero y junio de 1968 y que debía ser (más de treinta poemas) el más extenso de mis libros. Su experimentalismo era quizá demasiado arriesgado o excesiva mi timidez: finalmente, no me resolví a rescatar sino algunos poemas —los que me parecían más logrados— que[4] el lector encontrará en la tercera sección de este libro. He añadido algunos poemas posteriores, que cierran el volumen. Ya hablé de mis influencias iniciales, a las que hay que añadir las de Aleixandre y Octavio Paz (igualmente decisivas luego en el plano personal), así como la de Lautréamont, Lorca y Wallace Stevens. Y también, como he dicho en otra parte, influencias no pertenecientes al ám-

---

[4] 1969, *que, tras aparecer este mismo año en una edición de reducido tiraje en Canarias, el lector.* La edición no llegó a aparecer.

bito de la poesía: novela policial, cine americano de los años 30 y 40.

Si bien he respetado el texto íntegro de los dos libros publicados, he adoptado en ellos el criterio de suprimir todas las dedicatorias que figuraban en las ediciones originales. Tampoco en los poemas posteriores figura ninguna de las que les había asignado. Véase en ello, como es lógico, un simple designio de unificación tipográfica.

P. G.

II
Morir sobre un nenúfar*
Homenaje a Jean Cocteau
[1963](1988)

* Pere Gimferrer, *Morir sobre un nenúfar. Homenaje a Jean Cocteau,* Mála-ga, 1988, edición de Rafael Pérez Estrada. El poema fue escrito la noche del 11 de octubre de 1963.

Morir sobre un nenúfar como los cisnes mueren
en los yertos estanques de rubor selenita
donde los sauces tímidos tímidamente hieren
la carnación azul de una orquídea marchita.

Morir sobre un nenúfar mientras pulsan sus arpas
las dolientes anémonas en califal falange
sobre el agua opalina donde valsan las carpas
la musulmana giga de su ríspido alfanje.

Morir sobre un nenúfar ante el mármol augusto
cuyo dios ciñe el busto de amorcillos exóticos
y de jocundos pámpanos orla el semblante adusto
como un fauno zagal de arrayanes eróticos.

Morir sobre un nenúfar donde trinan su vuelo
los querubes de azúcar, bizcocho y violeta,
suspendidos en nubes hojaldrizas del cielo
que con leche malteada pinta a diario el poeta.

Al nenúfar deponen pleitesía las malvas
y el crisantemo lóbrego en la misa autumnal
para él entreabre el atril de sus valvas
como almeja espasmódica sobre el nácar nupcial.

El nenúfar segmenta las pizarras esféricas
donde traza guarismos el celeste bedel,
chafarrinoneando de corcheas histéricas
las axilas que ofrecen a mi enjambre su miel.

151

Y es una melopea de preludios seráficos
la que entona mi cítara de grosella feliz.
Trepanadas cabezas de cupidillos sáficos
me besan con sus labios de fresa y regaliz.

Sus mejillas bullentes de vainilla y cacao
se consagran inermes al vampírico afán
con que succiono, labios de trementina, el vaho
que exhalan sus carrillos de arrope y mazapán.

Flor de membrillo, flor entre las mías triste,
que de mi infancia evocas el perfil de acuarela,
tú que magnolias pálidas en mis sienes pusiste
cuando Cristo doncel era yo en duermevela,

flor de membrillo, flor bienhechora y propicia,
tú que trémulos labios aplicaste a mis llagas,
y a los surcos sangrantes insuflando delicia
mis heridas lamiste con tus corolas magas,

flor de membrillo, flor que de mi infancia llegas
con rumores de playa y azahar derramado,
tu amarillez irriga por mis pupilas ciegas
y tu polen expande por mi pubis morado.

Que de mi infancia lleguen en purpúreas huestes
las libélulas, hadas de la melancolía,
cuyas varitas portan lionesas celestes
y natillas de angelical repostería.

Que eyaculen su savia de café y mantequilla
los contorcidos robles de la fronda silvestre
donde a mis ojos de ágata fue lustral maravilla
el abanico adónico de la vida terrestre.

Que a mi boca refluya, espuma a espuma, el agua
ambarina y espesa del acuario chinesco
donde, carpa de sueños, navegó mi piragua
con la piel de mi paje como airón y arabesco.

Paje de ojos azules —¿o eran verdes?—, mi paje
de ojos azules, trémulo principio doliente,
en tus niñas lacustres mi garañón salvaje
bebió el iris de azúcar, como ciervo en la fuente.

Paje de ojos azules, tu rodilla en el raso
y tu cabeza nívea de algodón y marfil
derrumbada en mis manos, tal la luz del ocaso
o el martín pescador abatido en abril.

Paje de ojos azules, el ebúrneo asombro
de tu cuerpo sin vida y el dolor carmesí
que tu sangre extendía por el hueco del hombro
desde el cuello plumoso donde gime un rubí.

Paje de ojos azules, en otoño se mueve
el damasco que cubre con sus borlas mi estudio
y la pisada alígera de unas plantas de nieve
en mi silencio inscribe un extraño interludio.

Y es llegada la hora, paje de ojos azules,
de recordar tu voz de musical cadencia
y la frambuesa húmeda de tus labios de gules
y las ebrias cerezas de tu adolescencia.

Ya las garzas esculpen en mi ventana gótica
ante el prisma que eléctrico centra su rosetón
tu rubicunda faz de sílfide clorótica
con roja gargantilla de decapitación.

Tantos versos escritos, tribunal de las sombras,
tantos versos escritos y no alcanzo a esfumar
el lirio de tu pie sangrante en mis alfombras
y el jazmín de tu boca hecha ya colmenar.

Abejas de la muerte, libad la miel tranquila
de su ombligo, libad, libad, de sus orejas
la espiral nacarina, libad de su pupila
los temblorosos álamos, libad, libad, abejas.

Y tú, espliego de plácida comunión campesina,
saludador derrama tu perfume en mis manos,
consagrando a la virgen de lilial muselina
el incensario rústico de mis versos paganos.

Que regresen las huestes del pasado a la liza,
que me inunde su flujo cálido y menstrual,
que mis manos naufraguen en su cera enfermiza,
que su pátina noble llegue a mi lagrimal.

Cabalga en mi memoria un alazán frenético
por las landas siniestras de la desolación
y lo acoge mi luenga capa de azul magnético
donde relampaguea el cadmio su canción.

Me moldea el silencio la carátula viva
y a la sombra mis lentas palabras de amor van.
En su malla de encaje Némesis vengativa
sobre mi rostro posa su antifaz de azafrán.

[Nota de Rafael Pérez Estrada][1]

En el transcurso de una visita que amablemente me hiciera Pere Gimferrer en el Hotel Colón de Barcelona, donde me hospedaba a invitación de la Consejería de Cultura de la Generalidad, surgió —como un elemento más de una conversación que giraba en torno a los sonetos que en Málaga le había editado El Guadlahorce— la existencia de un poema, *Morir sobre un nenúfar,* escrito en 1963, posterior a *Mensaje del tetrarca,* y aunque pueda no parecerlo, coetáneo a los más antiguos de *Arde el mar.*

Morir sobre un nenúfar fue compuesto de una vez la noche del 11 de octubre y bajo la impresión que le causara a su autor la noticia de la muerte del escritor francés Jean Cocteau, dada por Radio Nacional de España en la acumulada manera de sus informativos.

La revelación de un escrito de esta categoría me llevó a solicitar de su autor la posibilidad de editarlo, mostrándose éste dispuesto, haciendo salvedad de las muchas dificultades que representaría hallar el manuscrito. La noticia de que Carlos Edmundo de Ory debía conservar una copia del poema que en su día le hiciera llegar Gimferrer, parecía facilitar las cosas.

La muy alta estimación del arte y las relaciones poéticas por parte de Ory han permitido que estos versos obren en mi poder, pues nada más regresar a su domicilio en Amiens, tras una gira llena de éxitos por los Estados

---

[1] Nota pospuesta al poema, en la edición citada, págs. XVII-XVIII.

Unidos, me los hizo llegar. La belleza única de este homenaje es hoy afortunada carne de esta primera entrega de nuestra colección de poesía. Acompaña a su publicación un autorretrato de Cocteau de la serie que el poeta francés se hiciera en 1925, y coincide con el año que es veinticinco de su muerte.

III
Otros poemas
(1964-1967)

Revelaciones[1]

Como si hubiese muerto, y en la tarde
dominio fuese el cielo, la luz nube,
concreto enigma el pájaro indeciso
que entre el aire y el árbol vuelos urde,
dad paso al pleno ser, abrid la aceña
a la leal corriente de lo inmune.
¡Azul, combo silencio en unos párpados
que tu peso rehuyen!
¡Que otro mundo veamos, y no sea
del todo nuestro cuanto nos circunde!
Con nombraros ¿qué sé, sino los nombres
que vuestro bulto al tiempo restituyen,
objetos, seres? ¿Qué palabra puede
tentar la arista que en el éter hunde
vuestra materia, la presente quilla
que aflora en brusco desgarrón de luces?
¿Ser es saberse ser? Si tal, ¿milagro
de lo inefable? ¡Hacia otro estío puje
la encajera de rosas, primavera!
¿Ser es saberse ser? Mis nervios crujen.
¿Ser? Heme aquí: ¡verdad
inapreciable! No la ves, trasluce
de muy lejos, tal raya de ceniza
que al horizonte cerros atribuye

---

[1] *Caracola. Revista malagueña de poesía,* 142 (agosto de 1964), págs. 16-17.

y allí no están. Ved así al chopo: muestra
ante el cierzo de octubre
ora un color, ora el contrario, y nunca
la voluntad de su contorno supe.
Así el ser, conjurado en su secreto,
tanto y tal es, y a su verdad refluye.
Mas ¿quién sería osado a decir: esto
late en mis manos, su perfil retuve
en el recuerdo, mi poema ciñe
su cabellera núbil?
Celaje: concreciones de lo ido.
Llama exige la llama. ¿Quién, qué cubre
el firmamento, qué cascada unánime
sublima en fuego ínsitos azules?
Así fue, así será. ¡Remonte el árbol,
cambiante norma de lo que transcurre,
la luz del día de lo que no es, y clame
porque el mástil del tiempo en sí perdure!

Égloga en el recuerdo[1]

Y decir que ya es otra
esa voz, que no puedo, ni quisiera
como entonces vivir aquellas horas
bajo el aliento húmedo de los chopos, o atento
con el alma en la boca
al rumor de la lluvia en las maderas
que cercaban el techo de mi choza.
(Y venía aquel viento, anochecido,
y se arreciaba en la maroma
corroída del sueño, y me habitaba
como un ave con toda
la luz del cielo en sí, como estas manos
con un olor a espliego en la memoria.)
Altas lides del tiempo ¿quién, decidme,
aposentó en mis huesos su discordia?
Porque otro soy, y hay otro
que, por mí, en mí piensa, vive y testimonia.
Antesalas del alma ¡Ah del castillo!
¿Quién suena el aldabón? ¿Quién en la argolla
grabó a fuego el herraje de su casta,
como en hacienda propia?
¿Y quién de haciendas sabe? Nada el censo
por mío da, ni he o detento cosa.
Así el hombre y sus huestes, así el tiempo
acompasa su noria.

[1] *Poesía española,* Segunda época, 143 (noviembre de 1964), págs. 8-9.

Tal creí muchos años, lentamente
derrumbados en mí, como muertas alondras.
Y es que llegan las nieblas,
qué sé yo, lanzaderas de la sombra,
y dónde el monte, la fresneda, el vado,
dónde el tomillo, el trébol, la amapola.
Todo paró en tinieblas. Desvividas
trompas de caza, sepultadas crónicas.
Y así puedo vivir, así he vivido
hasta que, de pronto, ahora,
cómo os diré, el sendero
en el poniente ebrio de palomas
otras voces tenía, y otros ámbitos
el árbol sustentaba allá en su copa,
y oro era el cielo, el son, otra la vida
que encendía en mis ojos su barandal de rosas.
Y así un paso adelante, y así el hombre
ahecha las semillas de su historia,
y así aviva la lumbre, y así es libre
como el histrión que relegó a su alforja
cuanto de él hace otro, los disfraces
venidos de un país de mariposas.
(¿De esta capa gustáis? Me la mercaron
cuando en la tierra de las noches tórridas
fueron a dar mis primos, los del prieto
labrantío, al socaire de la loma.)
¡Alta luz, qué disturbio! Van mis ojos
del arce al arce, sostenida gloria.
¡En pie los vivos! ¿O es que nadie vela
en el silente troj de la parroquia?
¡Sedición! ¡Sedición! ¡Ah de la guardia!
¡Redoble el alma, si a rebato tocan!
Flaco es el hombre y caedizo, pero
nada de eso importa
si le es dado vivir, si sabe alzarse
—mío es el mundo— hasta su augusta bóveda.
En las revelaciones del estío
éste fue el sueño que halló en mí su forma.
Y ya qué más. Resurrección palpable.

Tiene la vida albor de caracola.
Cuánto gravamen, oh, qué cargamento,
oh, qué desolación el hombre arrostra.
Pero su cuerpo, sí, pero su cuerpo
puja y porfía, y es la luz su obra.
Ésta la era fue, el canchal, los silos,
éste el hondón, éste el pinar en sombra,
aquí el musgo crecía, y en mis dedos
verdea aún su rastro, aquí la armónica
sonó en el cobertizo, aquí aventaron
los mascarones de la ceremonia.
Praderas del recuerdo, redimidas
por un cendal de nieve bienhechora.
¡Persiste, espectro! ¡Nadie te ha invocado,
mas difunde tu ser a la redonda!
Sublimación. Blancura en lo terrestre.
Claridad. Claridad. ¡Todo es memoria!

El mesnadero[1]

Cazador de breñales, tu colmenar sombrío
monte arriba, los fresnos a tu voz convocados,
formas ya de otra vida que tu vida revierte
hacia la luz final de lo creado.
Qué apariencia, qué sombra sus dicterios formula
en el coloquio vegetal del claro,
qué voz del aire al aire va, y conjura
en su reposo al árbol.
Si calla el tronco, si
la quietud de esta tarde se resuelve en relámpago,
¡qué alta revelación! ¡qué lumbre pura
en mis manos irradia la rosa azul del canto!
Como giran los soles, y retumba
de valle en valle su rotar de meridianos,
como de estrofa a estrofa va el poema
y trasmuta su llama en ardor desflorado,
como, al calor del porche,
los jornaleros pasan el nublado
y, libre el día, renacidos siegan
y es hora limpia, cielo bien ganado;
como la luz difunde su apariencia
en cada ser, eclipse de lo alto,
como la luz es tal, y el día nace
y espumea la hoz sobre el sembrado,

[1] *El Ciervo*, 132 (febrero de 1965), pág. 13.

como la luz del ser, el ser proclama
su identidad de amor en abierto palacio.
¡Dosel! Todos llegad: altos salones
(y quién recuerda) se nos otorgaron.
No fue siempre país de apero y pana
ni el acre aroma de sudor del macho
llenó el zaguán, ni los lebreles
en el soportal aullaron.
Mas hoy es tiempo, y aquél que esta tarde
de la colina al cielo alza su mano
siente (y es una sola) la tibieza
con que en sus sienes fluye lo creado.
¡Unidad de lo vivo, no remuevas!
Aposentos del alma: vela el Amo.

Un poema para Raoul Walsh[1]

Elemento, elemento, elemento, elemento, elemento.
                                              [elemento,
¡Memento!
Es la última danza del clarión y la tiza,
cuando abril en las lilas vuelca miel y ceniza.
En los patios se alumbran
las arcillas del miedo, la paja-arnés, el fuego
de los esquistos[2] áridos, la luz de las bengalas
ante el pozo cegado, la claraboya hipnótica,
la lepra y sus herrumbres.

                              Búhos, búhos, oh rosas,
sal, bauprés, dardos, dardos, qué corazón de arena,
qué palomar de bronce en las muertas colinas,
¿a qué país de sombras, condenación del aire y los es-
                                                    [pejos,
nos remite la Tierra?

                      La memoria del hombre
es más fuerte que el hombre, y el cazador recuerda
lo que ha olvidado el río: el clamor de las grullas,
su pisada en los juncos.

---

[1] *Film Ideal*, 170 (15 de junio de 1965), pág. 405.
[2] El texto publicado leía, por errata, *exquisitos*

                    Así un río, una torre
guardan en sí los ecos que en nuestros ojos arden
como álamos al viento: posesión y firmeza,
más aún desasimiento de lo sensible, llega a llamarada
del pasado al pasado interiormente fúlgido
en la angustia del aire.

                    Somos, vemos
como en enigma, signo a signo, piedra
a piedra, río a río, junco a junco, lienzo
a lienzo, trasplantando a lo inmóvil lo vivo,
fluyendo y refluyendo de la imagen al símbolo perdido,
viendo nacer el día en su espada de luz.
Reconocimiento,
qué rosa en las tinieblas.

El tigre de Esnapur[1]

Tout va sous terre et rentre dans le jeu!

(VALÉRY)[2].

El resplandor de un cuerpo súbito en el espacio,
la máscara de goma, el anillo o la daga,
la liturgia solemne de los gestos, el oro subterráneo
donde el bronce redime al híspido marfil,
el relieve bruñido de una espalda o un rostro, el verde
[agonizante
de las luces acuáticas, la gaviota y el sauce que enmudece
[en el viento
sobre las ojivas de la primavera.
Tierra, tierra, oh sí, tierra, y aún más hondo
el caldero y sus sones de alfarería, canto
o concreción de la materia, sueño
o ritual enigma, ceremonia del cuerpo, de la piel y la san-
[gre,
arquitectura, huesos, tendón, ropaje, músculo y aun vida
[en lo oscuro
secretamente en transfiguración.

---

[1] *Philologica Hispaniensia in honorem Manuel Alvar. IV, Literatura,* Madrid, Gredos, 1987, pág. 536. Es de la misma época que el anterior, y el título alude a la película homónima de la última etapa de Fritz Lang, en 1959.

[2] Corrijo la errata evidente del texto, *Valéri.* Es el último verso de la estrofa XVI de *Le cimetière marin,* de Paul Valéry.

Llegan actores, prín-
[cipes,
grandes legisladores, agrimensores, sacerdotes rígidos y
[azules,
depositarios del secreto, guías
de la verdad de un ritmo iluminado.
Reconoced al hom-
[bre,
reconoced al hombre en sus magos, reconoced al hom-
[bre,
reconoced al hombre en sus liturgias, reconoced al hom-
[bre
en el gesto del hombre, reconoced al hombre en el fósfo-
[ro herido
que predica en la noche su suplicio de llama.
Esnapur está
[en nosotros.

Sonámbulo en primavera[1]

Un dios con voz de púrpura
remeje en nuestros bronces —¡oh gargantas!, ¡oh sue-
                                                    [ños!
el árbol rojo de la juventud.
Pájaros, nobles pájaros,
águilas irredentas del azul hemisferio,
alcatraces heridos por la luz de este día,
sed sosiego de mis sienes.
                              Bullid, henchíos,
clamad, botones, pétalos, ramajes,
cuanto vive nos vive.
Hoces, hoces del día, dirimid en el hombre
la verdad y la muerte.
La luz besa la línea de los álamos
y el río duerme sobre mis pestañas.
La primavera es tiempo de crepúsculos.

---

[1] *Ínsula*, 232 (marzo de 1966), pág. 2.

Madrigal o Blasón[1]

Qué oficio misterioso es el placer.
Qué oficio más sutil, no digan dueñas.
Bajo los arcos de Zamora pasa la lengua de un lebrel.
Burgos adentro, un vaho calcinado en el bosque,
los restos de una hoguera sobre las nieves últimas.
Aquí el hatillo, aquí el bordón, la armadura disuelta.
La capa del mendigo y la capa del príncipe.
Golpea un peregrino con los nudillos yertos
el herraje cifrado de las puertas.
Desde la playa al mar arrasándose va el cielo de otoño,
capuces y fantasmas.
        Qué oficio misterioso,
qué oficio más sutil es el placer!
             Murmurando tu nom-
                      [bre
va la lluvia de otoño entre los álamos,
y en otoño va el viento, que ha salido de caza,
murmurando tu nombre.
              Conspirador.

---

[1] *Claraboya,* n. 12 (1966), pág. 25.

Himno tercero[1]

Pues, ¿qué arriesgamos, sino esta luz de desvarío
que nos ciega? ¿Qué podemos perder?
En el aire parado y tormentoso ha cesado la respiración
                              [del Poniente.
Pasa una mano sobre los caseríos,
vierte piedad, se hermana al sonido del viento entre los
                              [chopos,
a la muerte del alce,
al punzante fulgor metálico del agua.
¿Qué nos olvida? Desamparados, ciegos, cuán desnudos,
nos cobija el error. Como las vides
ya en granazón, preñadas,
trabaja un cierzo helado desde fuera,
un cierzo, débilmente,
un cierzo helado en nuestra carne, débilmente,
un cierzo en nuestra carne, hueso a hueso,
oscuramente ya cargada
de su maduración henchida en pesantez, colmada de oro
                              [denso,
cuajada.
          Luz en nuestras cejas:
un polvillo de yeso.
                    Como actores de pálidas mejillas
diluyéndose en agua, nieve o cal,

---

[1] *Claraboya,* n. 12 (1966), págs. 25-26.

sostenemos las cestas, ya en sazón
la cosecha que vence y las contrae,
las dilata hasta el fondo con su peso,
las humilla y fecunda,
como espada o relámpago atraviesa su sueño arcilloso,
besa su vientre de poder y esparto.
                                        Áspera al tacto, áspera
tu piel al roce de mis dedos. No es
aquel, que soñé penetrar, fruto
(y se me resistía)
extendido en su luz como la luna sobre las aguas,
mas un guante de arena, una rosa de hierro al rojo
                                                    [vivo,
una piedra sagrada, un bosque muy oscuro en la noche de
                                                    [invierno,
cuando la chimenea trae un aullar de lobos.
A salvo, mas ¿de qué? En lugar seguro,
¿respecto a qué inseguridad? ¿Conoce
el animal, en sus sendas naturales y madrigueras,
el lugar de su muerte? ¿Se eriza
por esto su pelaje? Sería entonces
para nosotros, que tan difícilmente vivimos,
una señal cuanto nos sobrepasa
en cierto modo: el placer o el sufrimiento
bajo cualquiera de sus formas: labios
de un sexo humedecido distendiéndose,
aspirando a lo pleno, mordedura en la miel y el cobre de
                                                    [unos senos,
lucha con la palabra para hacerla significativa,
lucha con el significado para encerrarlo en palabras,
comunión con el aire y los espíritus,
interpretación del tiempo que nos vive,
fusión, casi vampírica, a otra alma,
sea por el amor o el arte, persecución de nuestro ser en lo
                                                    [ajeno,
lejana cacería en los pantanos.
                            Rifle, látigo, ballesta,
¡cómo chasquea, silba, da estampido!
Es difícil tener a raya el mundo.

Para hacernos amar tiende su cebo al nivel de los ojos.
Mano dura y cuchillo. No podemos
perder nada. Ganar apenas:
un poco más de lucidez.

Caligrafía[1]

Valentino Murió Y Ha Muerto Monty
murió el viejo e.e. cummings
                              aunque pound
no muere il miglior fabbro
                         eliot sí
                              Y jaime joyce, y don be-
                                        [nito, ciegos.
Y gide, respetable con la edad,
en manuales de bachillerato.
morirá el propio Brassens!
                         jesucristo
murió hace ya algún tiempo
                              aún me acuerdo de cuando
                                        [murió bogart
césar vallejo ha muerto (le pegaban
todos)
        Murió carlos gardel
y leslie howard, por aquellos años
                              Federico
sólo es para mí un hombre que murió.

NOTA.—Este poema fue escrito el día de la muerte de Montgomery
Clift, el «Monty» del primer verso[2].

---

[1] *Claraboya,* n. 15 (mayo-junio, 1967), pág. 26.
[2] La nota al poema iba firmada por el propio Pedro Gimferrer, que
había publicado ya, en *El Ciervo,* 151 (sept.-1966), pág. 13, una necrológica del actor.

Murió un granjero apellidado faulkner
                              (murió kafka, que
                                [no me conoce)
                    harlow moría
                                y Marilyn se
                                    [muere.
Qué triste es todo esto.

Colección Letras Hispánicas

DE PRÓXIMA APARICIÓN